# 도서관
# 미래에 답하다

해외 사례를 통해서 보는 도서관 가상·증강현실

# 도서관 미래에 답하다

## BEYOND REALITY

케네스 J. 바넘 지음
구정화, 권선영 옮김

**P:AZIT**

# 서문

현재 도서관은 빠르게 변화하는 물리적 공간에 대한 요구, 지속적인 예산 압박, 이용자가 생성한 데이터의 기밀성에 대한 우려 증가 등 다양한 문제에 직면하고 있다. 이런 상황에서 완전히 새로운 방향을 제시하는 획기적인 기술이 등장하면서 또 다른 도전에 직면하고 있다. 가상, 증강 및 혼합현실을 포함하는 일련의 기술은 새로운 서비스에 대한 방대한 기회를 열어주고, 도서관 자료에 접근하거나 도서관이 아닌 장소에 통합할 수 있는 방법으로 확장되어, 우리가 정보와 상호작용하는 방식을 변화시킨다. 이러한 새로운 기술들이 구현하고 있는 실제 그리고 가상의 영역들은 우리가 수행하고 있는 모든 방식을 새롭게 변화시킬 것이다.

그렇다면 지금 설명하고 있는 이 기술은 무엇인가? 이 책은 핵심적인 세 가지 기술에 대해 말하고 있는데, 이들 모두는 서로 깊이 얽혀 있다. 우리는 실제 현실*actual reality*, 물리적 세계에 살고 있다. 이와 대조적으로, 증강현실*Augmented Reality, AR*은 일반적으로 제한된 방식 안에서 매우 강화된 현실을 일컫는다. 이용자는 현실 세계를 인식하고 있지만, 컴퓨터는 물리적으로 존재하지 않는 객체, 정보 또는 세부 사항들을 추가한다. 항공기의 헤드업 디스플레이*heads-up display*가 이 기술의 전형적인 예이다. 경로 정보, 가시적 지평선을 지나가고 있는 다른 항공기나 항공기 속도와 같은 정보는 계기판을 통해 조종사 시야에 표시된다. 아마도 이보다 더 친숙한 예는 스마트폰에서 플레이되고 있는 인기 있는 포켓몬 고*Pokemon GO* 게임으로, 컴퓨터가 생성한 생명체가 위치한 곳과 게임플레이어가 실제로 위치한 곳의 동적 지도를 서로 겹쳐 보여준다.

가상현실*Virtual Reality, VR*은 실제 현실에 대응하여 컴퓨터가 만든 현실을 말한다. 비디오 헤드셋을 통해 컴퓨터 프로그램은 픽셀 단위로 현실 세계를 복제하거나 완전히 비현실적인 시각적 세계를 제공한다. 헤드셋의 센서를 사용하여 이용자가 바라보는 방향(위, 아래, 왼쪽, 오른쪽, 시계 방향 등)을 감지하고 물리적 실제 환경에서 이동(왼쪽, 오른쪽, 뒤로 이동 등)하면 결과적으로 컴퓨터가 변화하는 보기*changing view*를 구현(시뮬레이션)한다.

인간에 의해 인지되는 지각의 전체 영역을 실제 현실 세계라고 본다면 다른 한쪽 끝에는 지각의 전체 영역이 컴퓨터에서 생성되는 가상현실이 위치하며, 그 중간에는 혼합현실이 위치한다. 이러한 관점에서 혼합현실*Mixed Reality, MR*은 이 둘 사이에 있는 전체 연속체*entire continuum*를 말한다. 즉 컴퓨터가 생성한 증강 정보나 객체의 표현(대체제)에서부터 우리를 둘러싼 세상 전체에 대한 시뮬레이션에 이르기까지, 전체 연속체 그 사이 어느 지점에 속해 있는 것이라고 할 수 있다.

오늘날 혼합현실에 대한 일상적인 경험의 대부분은 컴퓨터 기술을 통해 일상생활에 약간의 정보가 추가되는 수준이다. 그러나 더 완벽하게 통합된 가상현실은 우리에게 곧 임박해 있으며 빠르게 발전하고 있다.

이러한 기술적 진보는 도서관에 어떤 의미가 있을까? 도서관이 이용자들에게 제공하는 서비스 속에서 우리는 이용자들과 어떻게 소통할 수 있을까? 이 중요한 트렌드는 교육적으로 어떤 의미가 있을까? 이 영역에서 우리 도서관이 제공하는 서비스가 지적 재산권에 위배되지 않는다는 것을 어떻게 확신할 수 있을까?
이 책은 바로 이러한 질문들을 다루고 대답하고자 한다.


케네스 J. 바넘

미시간주 앤아버 _Ann Arbor_ 에서

# 목차

004     서문

011    **1장**    **증강현실AR: 홀로그램Holograms의 모든 것**
             _오스틴 올니Austin Olney

035    **2장**    **비공식 학습환경에서의 확장현실**
             _채트 M. 클라크Chad M. Clark

059    **3장**    **3D 모델링을 위한 가상현실**
             _김보현Bohyun Kim

085    **4장**    **놀이, 교육 그리고 연구:**
             **도서관을 통한 가상현실 탐색**
             _브랜든 패터슨Brandon Patterson, 탈리 카수치Tallie Casucci,
             토마스 페리엘Thomas Ferrill, 그렉 해치Greg Hatch

111    **5장**    **대학생을 위한 대안적 학술 세계**
             _R. 브루스 젠센R. Bruce Jensen

135    **6장**    **3D와 가상현실을 고등교육 과정의 학습 및**
             **연구활동에 통합하기**
             _매트 쿡Matt Cook, 잭 리커-카츠Zack Lischer-Katz

159 **7장** **VR을 활용한 정보문해력 교육**
_펠리시아 A. 스미스Felicia A. Smith

187 **8장** **도서관에서의 증강현실:**
**보안 우선 구현 전략**
_브리짓 벨Brigitte Bell, 테리 코트렐Terry Cottrell

211 **9장** **가상 증강현실과 도서관을 위한 법적 시사점**
_마이클 리젠Michael Riesen


232 주석
251 참고문헌
258 색인
266 저자 소개

# 1장

# 증강현실<sup>AR</sup>: 홀로그램<sup>Hologram</sup>의 모든 것

Augmented Reality:

All about Holograms

오스틴 올니|*Austin Olney*

아직 들어보지 못했을 수도 있겠지만, 홀로그램은 이미 우리 곁에 가까이 와 있다. 이것은 증강현실^(AR)로 알려진 흥미로운 신기술을 말한다. 증강현실은 가장 높은 수준으로는 우리가 영화를 볼 때 3차원 홀로그램을 제공하고, 가장 낮은 수준으로는 일상생활에서 실용적(또는 단순한 재미) 응용 프로그램으로 많이 활용되는 기술이다. 증강현실은 일반적으로 헤드셋 또는 기타 디지털 장비를 통해 인공적인 디지털 요소와 물리적 세계가 융합된 것이다. 사람들이 이 기술의 잠재력을 깨닫게 되면서 매일매일 인기가 치솟고 있으며 가까운 장래에 우리 삶에 영향을 미칠 가능성이 매우 크다. 이 기술을 채택하게 되면 많은 이점이 있겠지만, 만일 증강현실 기술을 도서관 내부에서 구현하게 된다면 그것은 어떤 모습일까?

　이 장에서는 지난 5년 동안 내게 일하는 즐거움을 주었던 뉴욕시에 위치한 화이트 플레인스 공공도서관<sup>White Plains Public Library. 이</sup> 하 <sup>WPPL</sup>에서의 경험을 통해 증강현실에 대해 살펴보고자 한다. WRRL의 직원들은 이용자들에게 많은 기쁨을 주기 위해 증강현실 기술을 구현했다. 이 기술은 '새로움'의 전형적인 예이다. 이 장의 목적은 도서관 전문가들이 신흥 기술을 탐구하고 자신의 기관에서 실제로 구현하는 것을 고려하도록 영감을 주는 데 있다. 우리는 기술의 다양한 측면과 실제적인 이점, 도서관이 이 기술을 채택해야 하는 이유, 그리고 그것이 나아가는 방향에 대해 논의할 것이다.

# 증강현실이란 무엇인가?

*What is Augmented Reality?*

증강현실의 공식적인 정의는 '보고 있는 객체/사물의 이미지에 디지털 정보를 오버레이하는 기술을 사용하여 생성된 현실의 향상된 버전'[1]이다. 증강현실은 기본적으로 이용자의 시각적 관점과 디지털 콘텐츠를 통합하여 추가 요소를 인식함으로써 이용자 공간을 '확대/증강'하는 것으로 이루어진다. 포브스 에이전시 이사회*Forbes Agency Council*는 이를 '디지털 데이터를 실시간 경험에 통합하는 능력'[2]이라고 설명한다.

증강현실은 사람의 두뇌를 속여 물리적으로 존재하지 않는 요소를 실제인 듯 인식하도록 한다. 디지털로 추가된 자극은 대략적으로 물리적 공간에 존재하는 것처럼 보이지만 실제로는 시각적으로 오버레이된 인위적인 콘텐츠들을 말한다. 전도유망한 가능성을 가지고 있는 홀로그래픽 환상인 것이다.

증강현실은 큰 잠재력을 지닌 매우 흥미로운 신기술이다. 테크라이터technology writer인 옴 말리크Om Malik는 '증강현실을 신뢰하는 사람들에게 매우 흥미진진한 시기'[3]라고 얘기한다. 실제로도 증강현실 기술은 날로 발전하고 있다. 증강현실 기술의 하위 범주로 알려진 혼합현실MR 기술은 중첩된 디지털 요소와 인위적으로 상호작용하는 특정 기능을 나타낸다. 본질적으로 '접촉touch'할 수 있는 것은 증강현실 기술이며, 이 능력이야말로 가장 흥미로운 혁신이 일어나고 있는 지점이다. 실제처럼 보이는 콘텐츠와 물리적으로 서로 상호작용할 수 있다는 것은 놀라운 혁신 기술이며 이는 우리에게 끝없는 가능성을 제공해 준다.

　　연관 기술 중 하나인 가상현실에 비해 증강현실은 일상생활에 더 실용적으로 적용되고 있다. 증강현실은 가상현실처럼 이용자를 디지털 콘텐츠의 대체세계alternate world로 이동시키는 대신에, 디지털 콘텐츠를 이용자 공간으로 전송하여 물리적 세계와 디지털 세계 사이의 간극을 매끄럽게 연결한다. 이러한 하이브리드 접근방식으로 인해 증강현실 이용자는 주변 환경에서 결코 분리되지 않고, 가상현실과 같이 인공적인 전방향 세계omnidirectional world에 가려지지 않고도 콘텐츠를 흡수할 수 있다. 가상현실을 사용해 보면 헤드셋을 착용하고 자신을 고립시킴으로써 때때로 방향감각을 잃을 수 있다는 것을 경험했을 것이다. 이를테면 가상 롤러코스터를 탔을 때 가상의 라이드에 너무 몰입한 나머지 앉아 있는 의자가 뒤집히지 않도록 옆에 친구를 세워두어야 할지도 모른다. 이처럼 가상현실은 외부세계와 분리되지만, 증강현실을 사용하면 외부세계와 차단되지 않고 디지털 콘텐츠를 일상생활의 환경 일부로 간주한다.

여러 가지 면에서, 특히 대중들의 눈에는 가상현실이 증강현실을 압도한 것으로 보인다. 수백만 명의 사람들이 오큘러스 리프트*Oculus Rift(www.oculus.com/rift)*나 HTC 바이브*HTC Vive(www.vive.com)* 같은 VR 헤드셋을 구매하여 사용하고 있으며, 가상현실 기술을 채택하는 것이 도서관과 가정에서 비교적 일반적인 관행으로 되었다. 이에 비해 증강현실은 동일한 가치가 있음에도 불구하고 그만큼의 성공을 거두진 못했다. 2013년에 구글 글래스*Google Glass*로 알려진 AR 헤드셋이 출시되면서 많은 관심을 받았지만, 결국 소비자 제품으로서는 실패했다.[4] 따라서 증강현실은 가상현실과 동일한 수준에서 사회 구성원들의 상상력을 따라잡은 것은 아니다. 어쩌면 구글 글래스는 시대를 약간 앞서간 기술일 수 있다.

그러나 증강현실은 대중의 관심 없이 수년간 다양한 방식으로 조용히 사회에 통합되어 왔다. 증강현실은 초기 단계이지만, 이미 실질적인 적용과 통용이 입증되었다. 비록 일반 대중들은 그것이 기술적으로 어떻게 구현되는지 이해하지 못한다 하더라도 축구장에 그려진 가상의 라인, 야구경기의 홈 플레이트 뒤에 있는 디지털 광고, 재미있는 셀카를 찍기 위해 휴대폰 카메라 피드에 추가된 고양이 귀와 수염 등은 증강현실이라는 혁신 기술이 매우 인기 있고 유용한 것임이 입증된 것이다.

증강현실 기술의 발전과 진화는 1838년 찰스 휘트스톤*Charles*

*Wheatstone*경의 입체경*stereoscope* 발명이나 1968년 최초의 헤드 마운트 디스플레이 시스템[5]의 발명과 같은 가상현실 발전과 역사적 이정표를 공유하긴 하지만, 증강현실 기술이 널리 사용되는 데 일조한 최초의 시스템은 NFL*National Football League*을 통해서였다.

1998년에 스포트비전*Sportvision, Inc.*이라는 회사에서는 가상의 '1st & Ten Computer System'을 개발하여 NFL을 라이브 방송에 적용했다.[6] 기술적 착각을 통해 마치 물리적으로 움직이는 것처럼, 첫 번째 줄이 필드의 플레이어 아랫부분에 나타났다. 이 노란색 선은 매끄럽게 적용되었고 실시간으로 게임을 보는 데 도움이 되었다. 이 기술은 볼티모어 레이븐스*Baltimore Ravens*와 신시내티 벵골스*Cincinnati Bengals* 사이의 경기에서 처음 사용되었는데,[7] 축구팬들의 반응은 놀라웠다. 폭스 스포츠*Fox Sports*가 생산비용을 줄이기 위해 2001년에 라인 제공을 중단했을 때 대부분은 이를 좋아하지 않았다.[8] '1st & Ten Computer System'은 대중이 증강현실 기술에 익숙해지는 데 중요한 계기가 되었다고 볼 수 있다.

오늘날 상당수의 사람은 스마트폰이나 기타 모바일 장치 및 애플리케이션을 사용함으로써 증강현실 기술에 익숙해져 있다. 스마트폰은 일반적으로 카메라가 장착되어 있어 실시간 비디오 피드를 스트리밍하고 수정할 수 있어 증강현실 기술을 쉽게 사용할 수 있다. 이용자가 가상으로 검색하고 찾을 수 있는 게임인 포켓몬 고뿐만 아니라 이러한 종류의 증강현실 기술을 활용하는 여러 인기 있는 모바일 앱이 존재한다. 예를 들면 실제 위치에 있는 생물, 사용자의 얼굴을 인위적으로 수정하기 위한 디지털 오버레이 라이브러리를 포함하는 앱인 스냅챗*Snapchat*, 텍스트를 물리적 기호에서 다른 언어로 실시간으로 변환할 수 있는 번역 앱인 구글 번역들이 대표적인 예들이다.

사용가치가 입증된 증강현실 기술에는 몇몇 창의적인 활용들을 관찰할 수 있다. 예를 들어 이케아 플레이스*IKEA Place*는 스마트폰 카메라 렌즈를 통해 사용자가 자신의 방에 가구를 가상으로 배치하여 선택한 가구가 어떻게 보이는지 관찰할 수 있는 앱이다. 정보의 실시간 피드백은 단순히 도움이 되는 차원을 넘어 경외감까지 불러일으키는 경험을 제공한다. 이런 것이야말로 우리의 삶을 더 편리하게 만드는 기술의 큰 활용이라 할 수 있다.

이 시점에서 증강현실이 우리 사회에 점차 보편화되고 있는 것을 알 수 있는데 이것이야말로 트렌드의 시작일 수 있다. 현재 많은 기기와 앱에 증강현실 기술들이 통합되어 있다는 사실을 볼 때 증강현실에 몰입하게 될 미래 사회를 보여주는 것이며, 도서관에 적용하기에 매우 유망해 보인다.

# 증강도서관
## *Augmented Libraries*

증강현실 기술을 도서관에 통합할 좋은 기회가 왔다. 수 세기 동안 도서관은 지역사회에 그들에게 속한 자원들과 서비스를 제공해 왔었다. 비교적 최근 들어서야 정보기술 혁명으로 인해 많은 도서관이 전통적으로 제공했던 일반적인 자원들과 서비스뿐만 아니라 협력과 학습이 강조되는 교육 커뮤니티센터로 성장했다.

〈시카고 트리뷴*Chicago Tribune*〉의 한 기고가가 말했듯이 "알지 못했을 수도 있겠지만, 도서관은 점점 시끄러워지고 있다."[9] 이 증강현실 기술을 도서관에 통합하기에 이보다 더 좋은 시기는 없다. 이에 엘리자베스 잭*Elizabeth Zak*은 "증강현실은 문헌정보학의 모든 영역에서 연구될 수 있으며 또한 연구되어야 한다"라고 주장하고 있지만, 그녀는 "사실 뉴노멀(새로운 표준)을 향한 새로운 방향인 경우에만 연구가 이루어져야 한다"라고 강조한다.[10] 증강현실이 '새로운 표준'의 일부가 될 것인지는 두고 봐야 할 일이긴 하다.

도서관에서 증강현실을 사용하거나 적용을 격려하는 여러 연구가 있다. 캔자스주립대학<sup>Kansas State University</sup>의 연구원들은 증강현실을 적용하면 도서관은 더 매력적인 장소가 될 수 있다고 제안한다.[11] 이들은 증강현실을 퍼즐게임처럼 활용하여 이용자들이 도서관 서비스에 대해 배울 수 있다고 제안한다. 또 다른 연구에 의하면, 증강현실은 책을 사용한다 하더라도 도서관에서의 이용 경험을 향상시킬 수 있다고 한다. 현대의 팝업북은 증강현실 기술을 활용하여 '다양한 물체의 시야각을 회전시키거나 기울이고 조작하는' 작업이 가능하며, 이러한 맥락에서 디지털 방식의 이점이 있다.[12]

현재 여러 도서관에서 증강현실과 관련 기술들을 도서관에 구현하려고 시도하고 있으며, 증강현실을 기존 서비스에 통합시켜 완전히 새로운 서비스를 제공하는 다양한 방법을 생각해 보는 것은 여러 이점이 있다. 예를 들어 하트퍼드대학<sup>University of Hartford</sup>의 참고정보 사서인 다이애나 헬리어<sup>Diana Hellyar</sup>는 "증강현실 앱을 도서관의 기존 프로그램인 '여름방학 독서대전<sup>Summer Reading Challenge</sup>'과 같은 도서관 서비스에 적용해 보니 더욱 재미있게 운영할 수 있었다"[13]고 한다. 이 경우, 이용자들은 "책을 읽고 부상으로 받은 스티커를 스캔할 수 있는 Mythical Maze<sup>(미시컬 메이즈, 신화 속의 미로)</sup>라는 증강현실 앱을 이용하는데, 이 앱은 증강현실 기술을 통해 신화 속에 등장하는 동물들을 눈앞에 볼 수 있게 해준다."[14] 또 유타대학교<sup>University of Utah</sup>의 J. 윌러드 메리어트<sup>J. Willard Marriott</sup> 도서관의 경우,

증강현실 및 가상현실 워크숍을 제공하여 학생들과 교수진 모두 연구나 전공 분야에서 이 기술을 사용할 수 있도록 독려하였다 <sup>(이 프로젝트에 대한 자세한 설명은 4장을 참조)</sup>.[15] 노스캐롤라이나주립대학교<sup>North Carolina State University</sup> 도서관 시스템처럼 도서관에서 가상현실 및 증강현실 기기들을 대여하여 경험하게 하거나, 게임 또는 개발을 위한 공간을 제공한 사례도 있다.[16] 많은 도서관이 기존에 제공하고 있던 서비스에 증강현실을 적용<sup>(또는 통합)</sup>하고 있는 것을 볼 수 있다.

2016년에는 휴대폰에서 증강현실 기술을 구현할 수 있는 응용 프로그램인 포켓몬 고가 크게 인기를 끌게 되면서 공공도서관을 이용하는 게이머가 많아졌다. 실제로 몇몇 도서관은 가상의 'Gym<sup>PokeGyms(포켓 체육관)</sup>'을 제공할 기회가 생기기도 했다.[17] 많은 사람들에게 이 게임은 증강현실을 처음 접하게 되는 계기가 되었다. 많은 도서관이 젊은 이용자들을 도서관으로 끌어들이는 방안이자 이 흥미진진한 신기술의 활용을 장려하기 위해 이 게임을 활용하였다. 많은 현대 도서관은 신기술을 통합하는 것에 익숙하다. 캘리포니아에 위치한 거의 100개 이상의 도서관들은 가상현실 기술을 대중들에게 널리 알리고 관련 자원들을 배포하기 위해 한 민간기업의 계획을 이미 채택하여 수행하고 있다.[18] 사실 가상현실의 구현은 증강현실 구현과 크게 다르지 않다. 증강현실 기술은 앞으로 가상현실 기술이 받아왔던 것과 같은 수준으로 인식되고 활용될 것이다.

# 지역사회의 증강
*Local Augmentation*

WPPL이 증강현실 기술에 주목하는 이유는 다음 두 가지다. 바로 증강현실 기술의 인기와 가능성 때문이다. WPPL은 맨해튼에서 북쪽으로 약 25마일 떨어진 뉴욕의 화이트 플레인스에 위치한 혁신적인 도서관이다.[19] 1899년에 개관하여 1974년부터 현재까지 매년 50만 명이 넘는 다양한 이용자들에게 서비스를 제공하고 있다.[20] 많은 사람을 교육시키고 젊은 이용자들과 소통하기 위해 이 도서관은 증강현실을 포함한 다양한 주제에 대한 수업들을 지속적으로 제공하고 있다.

WPPL은 혁신이 낯선 곳이 아니며 이 새로운 기술을 배우고 참여하기에 좋은 장소이다. 도서관의 사명 중 하나는 개인의 성장을 위한 자원과 기회를 제공할 수 있도록 새로운 서비스를 제공하는 것과 '성인들이 지속적으로 배울 수 있는 훌륭한 기회를 제공'하는 것이다.[21] 도서관은 기술 제공을 모든 연령대로 확대하여 현재 증강현실 기술을 갖춘 수업을 제공하고 있다. 최근에 '더 허브*The Hub*'라는 성인들을 위한 새로운 공간을 추가하면서 도서관의 기술 제공이 더욱 확대되었고 증강현실에 대한 관심도 높아지게 되었다.

2013년 WPPL은 최신 기술들과 이용자들을 보다 효과적으로 연결하기 위해 도서관 내에 디지털 미디어 전문가*digital media specialist*라는 직군을 새롭게 만들었다. 디지털 미디어 전문가는 이용자들에게 현대 사회에 필요한 기술들을 제공하고 디지털 리터러시를 교육했다. 또한, 컴퓨터 관련 기술들과 연관된 모든 영역에 대한 전문지식과 관련 정보들을 이용자들과 직원들에게 효과적인 방법으로 전달함으로써 증강현실을 포함한 많은 관련 기술을 통해, 이전과 다른 혁신적인 서비스를 제공할 수 있었다.

다른 도서관들에서 수행되고 있는 다양한 활동들과 증강현실을 둘러싼 현재의 기술적 능력에 대한 '이야기*buzz*'들을 관찰하면서 WPPL은 증강현실 서비스 제공을 실험하게 되었다. 더 발전된 증강현실 기술의 출현으로 도서관 자원 목록과 이 증강현실 기술의 적용을 통한 실제적인 이점을 조만간 살펴보게 될 것이다. WPPL은 성인들을 위한 새로운 서비스 영역의 일부로, 2019년에 출시될 예정인 마이크로소프트 홀로렌즈*Microsoft HoloLens*로 알려진 AR 헤드셋을 구매할 계획을 세웠다(홀로렌즈에 대한 자세한 내용은 2장을 참조).[22] 이 헤드셋은 대중들에게 보다 발전된 AR 기술을 접할 수 있게 하고, 어떤 장소에서도 게임이 가능하도록 흥미롭고도 새로운 창의 프로젝트를 구현할 수 있게 한다.

2017년 WPPL은 가상현실을 구현하기 위한 준비과정에서 의도치 않게 증강현실 서비스를 제공할 수 있는 길이 열리게 되었다. 도서관에는 이미 오큘러스 리프트와 HTC 바이브가 구비되어 있었고, 10대 청소년과 성인 이용자들을 위한 가상현실 캠프$^{VR}$ $^{camp}$, 수업, 시험대 및 개발 세션을 운영하고 있었다. 또한, 도서관에서는 가상현실 장비를 사용하기 위해 이용자들의 서명 포기 양식 등과 같은 법적·물적 장치, 절차 등을 준비해서 보다 발전된 증강현실 서비스 구현을 준비하고 있었다.

고급 AR 헤드셋이 널리 보급되지 않은 상태였지만, WPPL은 증강현실 서비스를 구현할 수 있는 여러 방법을 가지고 있었다. VR 헤드셋과 장비를 구매한 후 도서관은 관련된 수업들, 이를테면 '증강현실 vs. 가상현실: 그 차이점은 무엇인가?'와 같은 유익한 수업들을 제공하기 시작했다. 그리고 수업 참가자들은 비슷해 보이지만 별개인 이 두 가지 기술에 대해 토론하게 되었다. 증강현실 기술은 초기 단계이고 널리 보급되지 않았기 때문에 주로 모바일 애플리케이션이나 증강 색칠공부 프로그램들$^{augmented\ coloring}$ $^{book\ programs}$ 같은 태블릿 소프트웨어에 제한하여 증강현실 서비스가 구현되었다.

WPPL이 증강현실을 도서관 서비스에 통합하는 데 일조한 가장 중요한 방법 중 하나는 퀴버$^{Quiver}$라는 모바일 앱을 활용한 것이었다. 퀴버를 활용하여 사용자들은 실제 컬러링북 페이지를 완전히 디지털화된 3차원 모델 애니메이션으로 만들 수 있다.[23] 선별된 종이에 크레용 같은 도구를 사용하여 색상을 채우고 난 다음 퀴버 앱이 장착된 태블릿으로 가리키면 그 그림들이 '생생하게 살아나는 것'을 볼 수 있다. 일부 작품들은 이보다 한 단계 더 나아가 물리적 공간, 즉 평평한 표면 '위에서' 이들을 구현할 수 있는 증강현실 게임을 포함한다. WPPL에서는 이용자들에게 이 증강현실 과정들을 경험할 수 있는 기술과 장비를 제공한다. 이는 현재의 색칠공부 열풍을 한 단계 끌어올릴 기회이기도 하다.

이제 도서관에서 증강현실 컬러링북과 관련된 강좌를 개발하고 구현하는 일들은 훨씬 더 쉬워 보인다. 동료들은 증강현실 컬러링북 앱을 추천했고, 나는 즉각적으로 이것이 도서관 수업에 새로운 개념과 잠재력을 불러올 것임을 알 수 있었다. 우리는 이미 청소년용 태블릿 세트를 갖추고 있었기 때문에 이것이 가능하다는 것도 알았다. 우리는 퀴버 앱을 설치하고 테스트만 하면 되었다. 사용을 위해 지정된 페이지 중 하나를 인쇄한 다음, 응용프로그램을 설치했다. 나는 도서관의 10대 이용자 중 한 명에게 그것을 색칠해달라고 요청하고 테스트를 진행했다. 그 결과, 모두 원활하게 작동되는 것을 확인할 수 있었다.

이 모든 과정 자체가 직관적이기 때문에, 직원들에게 사용 방법을 설명하는 데 많은 노력이 필요하지 않았다. 증강현실 기술 자체에 대해 약간 겁을 먹긴 했지만, 직원들은 사용하기 쉽다는 것을 즉시 알 수 있었다. 나는 청소년 서비스를 위해 매월 컬러링북 프로그램을 운영하는 직원들과 함께 일했는데, 이는 기술을 테스트할 완벽한 기회라고 생각했다. 퀴버 앱과 다른 앱들을 함께 사용하면 하드웨어와 소프트웨어가 증강현실을 만드는 데 필요한 여러 복잡한 수학 과정이 처리되기 때문에 프로세스가 쉽게 처리된다.

증강현실 장비들을 준비하고 관련 직원들을 교육한 뒤, 증강현실 수업은 순조롭게 진행되었다. 앱을 설치하고 준비한 컬러링북 페이지를 인쇄한 다음, 세션 참가자들에게 이 모든 과정이 어떻게 진행되는지 보여주는 과제만이 남아 있었다. 이 수업에 참여한 아이들은 어쩌나 관심이 높던지 이미 색칠할 준비가 되어 있었다. 아이들이 색칠하고 얼마 지나지 않아 한 아이의 그림을 예시로 증강현실 기능을 시연했는데, 확실히 다른 아이들에게 강한 자극이 되었던 듯싶다. 이에 아이들은 색칠을 끝마친 후 도서관의 태블릿을 사용하여 색칠한 페이지를 테스트할 수 있었고, 현장 분위기는 매우 장난스럽고도 재미있었다.

이 도서관 수업에 대한 반응은 매우 긍정적이었다. 이 증강현실 기술에 감명받은 아이들은 이렇게 이야기했다. "제가 칠한 색을 실제 자동차에서 볼 수 있다는 것이 멋진 것 같아요." "그린 것을 실제로 볼 수 있어요." "저는 트럭이 마음에 들었어요. 멈출 수도 있고, 종이를 움직이면 트럭이 가는 방향도 바꿀 수 있어요." 또 다른 참가자는 "저는 파워 레인저Power Ranger가 발차기도 하고, 펀치도 날릴 수 있어서 너무 멋져요. 이런 멋진 기능들 때문에 좋아요"라고 이야기했다. 아이들은 자신들이 그린 그림으로 증강현실 기술을 활용하여 정말 즐기고 있음을 볼 수 있었다.

증강현실 기술과 색칠하기 같은 일반적인 활동의 조합은 성격이 다른 이용자 또는 학습수준 차가 있는 이용자라 할지라도 모두 증강현실에 쉽게 접근할 수 있다는 장점을 지닌다. 이러한 활동은 디지털 기술에 관심이 있는 이용자와 창작 예술에 관심이 있는 이용자 모두에게 도서관의 혜택을 동시에 누릴 수 있게 한다. 또한, 이러한 활동들은 다양한 학습 스타일을 판단하는 데도 이용될 수 있다. 일부 이용자들은 색상을 지정하는 데 만족하고 증강현실 기능은 단순히 추가 보너스로 간주했다. 반면, 다른 이용자들은 증강현실 기술에만 집중하여 앱이 어떻게 반응하는지 의도적으로 여러 시도를 하면서 외부 라인을 그리는 기능들을 테스트하기도 했다.

WPPL은 앞으로 더 많은 증강현실 서비스를 제공할 것이다. 스마트폰과 태블릿의 창의적인 잠재력을 활용하여 증강현실 수업을 제공하는 것은 매우 유익한 활동임이 입증되었다. 고급 증강현실 헤드셋이 아직 널리 보급되지는 않았지만, 도서관에서 실험할 수 있는 기술들은 이미 많이 있다.[24] 다양한 기술들을 채택하여 활용한다면 미래를 위한 도서관은 준비될지 모르지만, AR 분야가 어디로 향할지는 좀 더 두고 봐야 할 일이다. 모든 연령대의 이용자들에게 엔터테인먼트와 교육을 목적으로 증강현실 기술을 최대한 활용할 수 있는 방법을 모색한다는 것은 흥미로운 일이다.

# 증강된 미래
## Augmented Future

증강현실 기술은 사람들의 일상생활의 방식을 획기적으로 바꿀 수 있는 능력이 있다. 이것이 개선인지의 여부에 대해서는 이견이 있을 수 있다. 다만, 분명한 것은 디지털 정보를 물리적 세계로 가져올 수 있다는 생각만으로도 기념비적인 의미를 지닌다. 〈포브스*Fobes*〉의 기고자인 블레이크 모건*Blake Morgan*은 증강현실이 어떻게 우리 사회와 소비주의를 혁신시킬 수 있는 잠재력을 가지고 있는지를 설명한다. "이용자가 정보를 찾아야 하는 대신, 이제 그 지식이 이용자의 요구를 예상하여 이용자들이 있는 곳에서 해결책을 찾는 데 도움이 되는 방식으로 이미 그 환경 속에 정보를 포함시킨다."[25]

커피숍을 볼 수 있고 커피 한 잔의 가격이 얼마인지 볼 수 있다고 상상해 보라. 호텔에서 어떤 객실이 이용 가능한지, 그 객실은 건물 내 어디에 위치해 있는지 확인할 수 있다고 상상해 보라.

기차역이나 영화관에서 일정을 한눈에 볼 수 있다고 상상해 보라. 또는 단순히 바라보는 것만으로 매장에 진열된 물품들을 스캔할 수 있다고 상상해 보라.

증강현실을 채택하면 몇 가지 잠재적인 이점이 있다. 예를 들어 이 기술은 낯선 건물에서 길을 찾는 데 도움이 되는 가상의 안내선이나 물리적 하드웨어를 구입하지 않고도 컴퓨터 모니터와 텔레비전을 가상으로 만들 수 있는 기능을 통해 삶을 보다 효율적으로 만들 수 있다. 스위스 회사인 웨이레이*WayRay*가 만든 자동차 앞 유리에 증강현실 기술을 사용하여 방향과 위험 여부를 표시하는 운전 시스템처럼 안전상의 이점도 있다.[26] 의료 분야에서 증강현실은 시력과 관련된 질환이 있는 환자를 도울 수 있고, 환자 중심의 원격상담이 가능하며 심지어 수술실에서 외과의사를 도울 수 있는 잠재력도 지니고 있다.[27]

이뿐 아니라, 증강현실을 활용하면 교육 분야에도 이점이 있다. 증강현실은 훈련을 요하는 전문가들인 외과의사나 조종사가 가상현실과 증강현실을 함께 활용하는 사례에서 교육영역 내에서 학습자를 위한 보다 추상적인 개념을 교육하는 데까지 확장되고 있다.[28] 예를 들어 증강현실 기술은 호흡기나 전자기 같은 복잡한 과정을 시각화함으로써 학생들에게 도움을 줄 수 있다. 교육용 증강현실 기술 사용을 지원하는 교육 컨설턴트인 제레미 리엘*Jeremy Riel*은 "교실이라는 물리적 공간이 학생의 경험 속에 디지털로 생성된 요소를 불러들일 수 있는 곳이 된다면 어떻게 될

까?"[29]라고 질문한다. 증강현실 기술의 교육적·사회적 적용이 궁극적으로 어떤 모습으로 변화될지에 대해서는 아무도 예측할 수 없다.

비즈니스 트렌드에 기반해서 살펴보면, 우리 사회는 디지털이 증강되는 방식으로 나아가고 있는 것으로 보인다. 증강현실과 관련된 사업은 2018년부터 연간 지출이 두 배로 증가하며 재정 측면에서도 크게 성장할 것이라는 예측이 있다.[30] 가상세계 제작을 위한 각종 도구들을 출시한 온라인 소매업체인 아마존 같은 기업들도 증강현실 기술에 동참하고 있다.[31] 애플은 최근 증강현실 헤드셋 스타트업 회사인 버바나[Vivana]를 3,000만 달러에 인수했는데, 이는 이 회사가 증강현실과 관련된 사업으로 향해 나가고 있다는 표시일 수 있다.[32] 애플은 iOS 디바이스(developer.apple.com/arkit)를 위한 증강현실 개발 플랫폼인 AR 키트[AR Kit]를 공식적으로 출시했다. 심지어 구글의 모회사는 구글 글래스 헤드셋을 다시 되찾아 오려는 시도를 하고 있다. 이는 증강현실에 대해 훨씬 더 많은 잠재력을 발견한 것으로 보인다. 특히 이 회사는 헤드셋을 더 가볍게 만들고 배터리 수명을 연장하고 있다.[33] 현 추세에 따르면, 증강현실 기술은 기하급수적으로 성장할 것으로 보인다.

증강현실이 일반 기업들의 성공을 이끌어낼 수 있다면 이는 도서관에서도 가능하다. 포브스 에이전시 이사회는 앞서 언급한 이케아 플레이스 앱처럼 증강현실이 비즈니스적으로 훌륭한 자산이 될 수 있음을 논의하고 있다.[34] 이와 마찬가지로 증강현실 기술은 도서관에 유리하게 적용될 수 있는 많은 장점을 가지고 있다. 홀로그램 기술이 인기를 얻고 있으며 공공도서관은 현재 일반 대중들의 손이 닿지 않는 이 놀랍고도 새로운 도구에 접근할 수 있도록 다리 역할을 수행할 수 있다.

증강현실 기술은 미래에 도서관 이용자에게 엄청난 가능성을 제공할 것이다. 그것은 일반 대중들이 증강 텔레커뮤니케이션 세션*augmented telecommunication session*을 경험할 수 있도록 도서관에서 값비싼 장비를 구비하여 '홀로그램 회의실'을 제공하는 것일 수도 있다. 이뿐 아니라, 도서관은 역사적 장소에 디지털 오버레이*digital overlays*를 통해 다음 세대들이 마치 그 역사적인 현장에 있는 것처럼 생생하게 배울 수 있게 하거나, 역사적 인물의 3차원 영상을 통해 지역 역사 또는 세계사에 대한 자원들을 제공할 수 있다. 도서관 외부에서도 이용자들은 증강현실 기술을 사용하여 단지 도서관 건물을 응시하는 것만으로, 강의에 대한 정보와 신간 출판 정보를 얻을 수 있다. 증강현실은 우리에게 책을 읽는 방법을 바꿀 기회, 즉 소설이든 논픽션이든 그 내용들과 상호작용하며 의미 있는 경험으로 바꾸어주는 기회도 제공해 준다. 증강현실은 독자들에게 책 전체에 대한 이미지, 오디오 및 비디오클립 또는 게임과 같은 관련된 디지털 콘텐츠를 제공할 수 있다(그것도 다른 이용자들을 전혀 방해하지 않고서!).[35] 이런 무한 가능성은 단지 무엇을 상상하느냐에 따라 제한될 뿐이다.

도서관에서 증강현실의 활용에 있어 가장 흥미로운 부분 중 하나는 도서 전시나 일반 프레젠테이션에 대한 잠재력이다. 이용자들은 자신의 지역 환경을 기반으로 사물이나 정보, 세부 항목 및 모델들을 인식할 수 있게 될 것이다. 예를 들어 이용자들은 구체적인 단어를 입력하여 검색하지 않더라도 서가에 꽂힌 책을 바로 보고 리뷰, 줄거리, 작가 소개 등을 볼 수 있다. 뉴멕시코주립대학New Mexico State University의 한 직원은 "증강현실은 도서관 서가 끝에 서서 휴대폰 앱을 사용하여 책이 정확히 어느 서가에 위치해 있는지 알 수 있는 방법"[36]이라고 말한다. 이런 증강현실의 세계에서 도서의 디스플레이는 빠르게 발전하여 증강된 지식의 등대가 될 것이다.

현재 헤드셋은 증강현실을 경험하기 위한 최적의 매체이다. 하지만 이제는 이용자가 착용할 수 있는 디지털 증강 콘택트렌즈로 전환되어 디지털 콘텐츠를 자유로이 이용할 수 있다. 이러한 방식으로 증강현실 콘텐츠는 아주 매끈하고도 원활하게 전달되어 실제로 현실세계에 존재하는 것처럼 보일 수 있다. 이것은 우리가 아직 인지하지 못하는 영역들에게 가능성을 보여준다.

아주 먼 미래에 증강현실은 실제 생활과 전혀 구별할 수 없는 지점까지 도달할 수도 있다. 증강현실 콘택트렌즈 이후의 단계는 콘텐츠가 인간의 눈을 거치지 않고 뇌에 직접 전달되는 것이다. 이 일은 마치 공상과학 소설처럼 들리겠지만, 테슬라Tesla의 최고경영자 일론 머스크Elon Musk는 이미 인간의 뇌와 컴퓨터를 연결하는 것을 목표로 만들어진 회사에 투자하고 있다.[37] 기술의 진보가 어느 방향으로 향하고 있는지 정확히 아는 사람은 없지만, 기술에 대한 예측과 전망은 우리의 생각을 고무시킨다.

1장에서 우리는 증강현실 기술이 도서관과 그 너머에 가져올 수 있는 많은 긍정적인 이점에 초점을 맞추어 이야기하였다. 그러나 새로운 기술을 구현한다는 것은 일정 수준의 위험이 수반된다는 점 또한 명심해야 한다. 그런 의미에서 도서관은 스스로를 보호하기 위해 적절한 준비가 필요하다. 이것은 도난 방지책, 트라우마를 경험할 수 있는 이용자들의 법적 문제에 대한 방어책, 적절한 사용시간 제한과 직원 교육 등을 준비하는 것을 의미한다. 기술 자체는 일반적으로 이용자 친화적인 것은 맞지만, 이것을 도서관 서비스에 통합한다는 것은 항상 쉬운 것만은 아니다.

증강현실은 매우 획기적인 기술이다. 이 기술은 어떤 측면에서는 초기 단계이긴 하지만, 계속적으로 성장하고 번창할 것이다. 도서관은 현재 이 기술의 초기 단계 때부터 참여했으며, 도서관에 맞게 조정하여 일반 대중들, 즉 이용자들에게 편익을 제공할 기회의 순간에 와 있다. 지금 우리는 경외감을 불러일으키는 미래의 최전선에 서 있고, 새로운 기술이 우리 눈앞에서 계속 진화해 나가는 것을 보는 것은 가슴 벅찬 일이다. 도서관은 이 증강현실과 관련된 지식을 수용하고 어떤 방식이나 형태, 형식이든 이 증강현실을 모두를 위한 공공 서비스의 일부로 포함시켜야 할 것이다.

# 2장

# 비공식
# 학습환경에서의
# 확장현실

Extended Reality in Informal Learning

Environments

채드 M. 클라크*Chad M. Clark*

인간이 가상세계에 거주하고 사물과 상호작용할 수 있다는 생각은 수십 년 전부터 존재해 왔다.[1] 교육학 분야에서는 오래 전부터 가상현실[VR]은 시간, 거리, 규모 및 시간의 이유로 그 환경을 경험할 수 없는 사람들에게 더 많은 경험의 기회를 제공할 수 있을 것으로 생각해 왔다.[2] 최근 몰입형 기술의 획기적인 발전과 시장에 출시된 비교적 저렴한 관련 장비들의 증가는 VR 애플리케이션을 군사 및 과학 시각화 영역을 넘어 교육, 예술 및 심리학과 같은 더 많은 분야로 확장시키는 데 도움이 되었다.[3] 여러 면에서 도서관은 이러한 분야들의 교차점에 있다. 이 장에서는 새로운 몰입형 기술이 어떻게 자신들의 관심 분야에 부합할 수 있는지 배워나가는 과정을 살펴볼 것이다. 또한 도서관은 그 속에서 종합적이고 비공식적인 학습환경을 제공하기 위해 무엇을 수행해 왔는지도 논의할 것이다.

# 복합환경을 강화시키는 것

Empowering Across Contexts Combined Environments

나는 시카고에서 북쪽으로 10마일 떨어진 일리노이주 하이랜드 파크에 위치한 하이랜드 파크 공공도서관Highland Park Public Libaray, 이하 HPPL의 뉴미디어 사서이다. 우리 도서관은 연령, 소득 수준, 민족 그리고 신체적 능력과 상관없이 약 3만 명의 주민들을 대상으로 생활, 학습, 일 또는 행정에 필요한 모든 정보 자원을 제공하고 있다. IT 전문지식센터인 HPPL은 지역 커뮤니티를 강화할 새로운 기술을 탐색하고 활성화하는 데 앞장서고 있다. 이 장에서는 HPPL과 우리 도서관의 학습 워크숍에 참석하거나 도서관의 자원을 활용하는 모든 사람을 '학생'으로 간주한다.

HPPL이 처음 가상현실에 관심을 갖기 시작한 것은 2015년 3월이다. 그해 나는 우리 도서관을 대표해서 텍사스 오스틴에서 열리는 사우스 바이 사우스웨스트 인터랙티브 페스티벌The South by South West Interactive Festival에 참석할 기회가 있었다. 그곳에서 나는 뉴욕에 기반을 둔 창의적 기술자이자 몰입형 디자인 전문가인 브라이언 컬스*Brian Chirls*가 이끄는 워크숍에 참석했다. 그 워크숍은 컬스가 최근 개발한 웹 도구를 중심으로 진행되었는데, 비교적 적은 예산으로 입문 수준의 VR 콘텐츠를 경험할 수 있었지만 VR 콘텐츠를 만들기에는 많은 장애물이 산재해 있었다.[4]

컬스는 그 장애물의 원인을 다음 세 가지로 요약했다. 첫째, 구글 카드보드*Google Cardboard*와 같은 저렴한 VR 뷰어를 사용하더라도 디자이너는 여전히 VR 콘텐츠 제작을 위해 값비싼 소프트웨어와 하드웨어가 필요한데 그렇지 못한 경우가 많다. 둘째, 대부분의 사람은 3차원 환경을 프로그래밍하거나 헤드트래킹*head-tracking* 혹은 VR 디스플레이 기술의 복잡성을 관리할 교육 자원이나 경험이 부족하다. 셋째, VR 콘텐츠 제작을 위한 배포 형태, 즉 미디어 및 프로그램 파일을 전달하는 웹 호스팅 또는 콘텐츠 전달 네트워크 서비스가 필요한데 현실에서는 그러지 못한 것이다. VR 영역이 진정 다양하고 혁신적인 재료로 확장되려면, 그 창작물들은 소비할 수 있을 만큼 접근 가능하도록 만들어져야 한다고 강조했다.


워크숍에서 컬스는 VR 콘텐츠를 실제로 제한된 자원이나 기술로 만들 수 있음을 보여준 도구인 웹VR 스타터 키트*WebVR Starter Kit*라는 프로젝트를 소개했다. 공공도서관의 기술 전문 사서*technology-focused librarian*로서 나는 이 도구들의 잠재력과 의미 있는 방식으로 우리 지역 커뮤니티에 VR이 가져올 가능성에 대해 관심을 갖게 되었다.

몇 주 동안 소비자 VR 제품의 환경을 연구한 후, 나와 우리 팀은 3차원 환경에서 데이터를 참여, 소비 및 생성할 수 있는 광범위한 기회를 제공할 수 있을 것 같은 몇몇 플랫폼을 살펴보기로 했다. 우리가 중요하게 생각한 요소는 다양한 기술력을 가진 사람들에게 VR 접근을 제공할 수 있을지 여부였다. 그래서 우리가 선택한 플랫폼이 바로 마이크로소프트사의 홀로렌즈^HoloLens였다. 이것은 웹VR 스타터 키트^Chirls와 A–Frame^Mozilla 및 구글 카드보드^Google를 포함하는 오픈소스 웹 VR 개발자 도구들의 모둠이라 할 수 있다. 이런 모든 플랫폼은 현실기술의 범주하에 있지만, 비공식 학습환경에 통합할 수 있는 방법과 이유를 잘 이해하기 위해서는 이들 개념의 유사점과 차이점을 정리할 필요가 있다.

## 복합 환경들^Combined Environments

최근의 새로운 디바이스와 콘텐츠의 성장으로 VR 기술을 둘러싼 용어가 불분명해진 것이 사실이다. 소비자 관점에서 볼 때, VR 기술에 붙여진 각종 명칭은 어떤 경우에는 동의어처럼 보이지만, 실제로 다른 경우도 많다. 증강현실^AR, 가상현실^VR 및 혼합현실^MR은 우리가 실제 현실 세계를 인식하고 상호작용하는 방식을 바꾼다는 점에서 유사하다고 할 수 있다. 그럼, 이들의 서로 다름을 구별할 수 있게 만드는 요소는 무엇일까?[5]

현실이 가상 요소로 대체되는 정도로 VR, AR 및 MR들을 구별할 수 있다. VR은 소프트웨어로 생성된 완전히 인공적인 환경으로 이용자가 이를 실제 환경으로 받아들이는 방식으로 제공된다는 특징이 있다.[6] AR은 현실 세계에 있는 콘텐츠의 오버레이이지만 해당 콘텐츠는 그 일부에 고정되지 않는다는 특징이 있다.[7] 실제 콘텐츠와 AR 생성 콘텐츠는 서로 반응할 수 없다. MR 경험에서 물리적 개체와 디지털 개체는 실시간으로 공존하고 상호작용한다는 특징이 있다.[8] MR은 현실 세계에 있는 콘텐츠의 오버레이이며, 해당 콘텐츠는 여기에 고정되거나 일부가 된다. 실제 콘텐츠와 MR 생성 콘텐츠는 서로 반응할 수 있다. 이용자가 완전히 다른 세계에 몰입하는 VR 경험과 달리 MR에서의 경험은 디지털 콘텐츠를 이용자의 실제 환경으로 초대하여 두 사람 간의 실시간 상호작용이 가능하도록 한다. 이러한 상호작용은 객체가 가까워

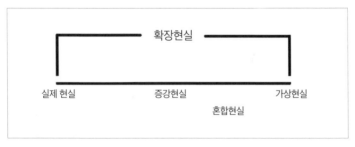

그림 2.1 확장현실

질수록 커지고, 이용자가 객체 주위를 이동할 때 관점이 변경되는 것과 같은 자연스러운 동작을 모방한다.

1994년 폴 밀그램*Paul Milgram*과 푸미오 키시노*Fumio Kishino*는 AR과 VR의 관계를 설명하기 위해 확장현실*XR, eXtended Reality*이라는 스펙트럼을 고안했다. 한쪽 끝은 물리적 현실이고 다른 쪽 끝은 완전히 시각화된 디지털 세계이다(그림 2.1 참조).[9]

확장현실은 기본적으로 현실 세계와 가상 세계를 결합하는 인간과 기계의 상호작용을 위해 만들어진 모든 환경을 포괄한다. XR은 광범위하고도 포괄적이며 유연한 용어이다. XR의 'X'는 완전히 알려지지 않았거나 특정되지 않은 변수를 나타내는 용어이며, 의도적으로 이해관계자가 확장되기를 바라는 개방형 생태계를 암시한다. 많은 산업(뉴스 미디어, 건강관리, 영화, 소매 및 마케팅)은 몰입형 기술들이 계속해서 성숙할 것이라는 전망과 함께 VR에서 AR 또는 MR로의 전환이 언젠가는 이루어질 것이라는 기대를 바탕으로 XR이라는 용어를 채택했다.[10]

# 플랫폼 사례들

*Case Platforms*

다음의 플랫폼들은 비공식 학습환경 속에서 다양한 기술을 가진 VR이 접근 가능하도록 우리 도서관에서 구현한 사례들이다. 각각의 플랫폼에 대한 간략한 정의가 제시되어 서로 간의 상호작용 모델과 역량의 차이를 설명한다. 사양*specifications*은 각 플랫폼의 물리적 속성을 설명하거나 웹용 VR 솔루션을 구축하기 위한 코드*code*를 제공하는 기본 API인 웹VR 키트*WebVR Kit*이다. 제어*control*는 가상환경을 통해 이동을 가능하게 하는 각 플랫폼의 특성들을 설명한다.

## 홀로렌즈*HoloLens*

- 사양: 마이크로소프트의 홀로렌즈는 사용자가 디지털 콘텐

츠에 참여하고 주변 세계의 홀로그램과 상호작용이 가능한 독립형 헤드 마운트 디스플레이$^{HMD}$ 홀로그램 컴퓨터이다.[11] 고급 광학 프로젝션 시스템을 사용하여 다차원의 모든 색상 이미지를 생성하는 투명 홀로그램 고화질 렌즈가 장착되어 있다. 홀로렌즈는 사용자의 물리적 환경을 매핑하고 사용자 주변의 3D 플롯을 생성하여 작동한다. 실제 표면을 가상세계로 매핑하는 과정을 공간 매핑이라고 한다.[12] 홀로렌즈는 공간 매핑을 사용하여 디지털 콘텐츠를 해당 공간에 현실적으로 배치하는 정확한 위치와 방법을 결정하는 동시에 사용자가 제스처를 사용하여 상호작용할 수 있도록 한다.[13]

• 제어: 물리적 제스처를 통해 사용자는 홀로렌즈를 착용한 상태에서 작업을 수행할 수 있다. 홀로렌즈는 에어 탭$^{Air\ Tap}$, 게이즈$^{Gaze}$ 그리고 블룸$^{Bloom}$이라고 부르는 세 가지 핵심 제스처를 인식한다. 에어 탭은 마우스 클릭 또는 선택과 같이 손을 똑바로 세워 두드리는 제스처이다. 이는 대부분의 홀로렌즈 환경에서 게이즈로 대상을 지정한 후 UI 요소를 "클릭"하는 것과 같은 제스처로 사용된다. 게이즈는 머리 움직임을 포함하는 제스처이며 선택을 위해 홀로그램 개체를 강조 표시하기 위해 커서를 이동하는 데 사용된다. 블룸은 "집$^{home}$" 제스처이며 그 자체로 예약되어 있다. 이는 시작 메뉴로 돌아가는 데 사용되는 특별한 시스템이다. 블룸은 손

바닥을 위로 하고 손가락 끝을 모은 상태에서 손을 내밀고 손을 펴서 수행된다. "선택*select*"이라는 음성 명령을 통해 홀로그램 개체를 선택할 수도 있다.

## 구글 카드보드

- 사양: 구글 카드보드는 스마트폰용 헤드마운트와 함께 사용하기 위해 구글에서 개발한 VR 플랫폼이다. 카드보드 뷰어를 구성하는 부품은 정확한 모양으로 자른 판지 조각, 45mm 초점 길이 렌즈, 자석 또는 접착테이프, 후크 및 루프 패스너*Hook and Loop fastener*(예: 벨크로), 고무 밴드 그리고 근거리 통신*NFC* 태그다.[14] 이 플랫폼은 VR 앱에 대한 관심과 개발을 장려하기 위해 저비용 시스템으로 설계되었다.

- 제어: 구글 카드보드는 스마트폰을 렌즈에서 최적의 거리에 두면 작동한다. 그런 다음 호환되는 앱을 사용하여 렌즈를 눈에 들었을 때 3D 효과를 만들어 낸다. 사용자는 고개를 움직일 수도 있고, 이미지는 화면에 표시된 것과 같은 위치에 있는 것처럼 반응한다. 공식 구글 카드보드(Do-it-Yourself 버전도 사용 가능)의 경우, 사용자가 휴대전화를 헤드셋에 꽂으면 공식 카드보드 앱이 자동으로 실행되는 NFC 칩이 함께 제공된다. 뷰어의 측면에서 보면 자석인 버튼이 있

다. 이것을 누르면 사용자가 스마트폰의 화면을 물리적으로 누른 것처럼 작동한다. 이는 자기장 센서를 활용하는 방식이다.

## 웹VR 키트

- 사양: 웹VR은 브라우저에서 VR을 경험할 수 있는 개방형 사양이다. 웹VR 스타터 키트*WebVR Starter Kit*는 고급 기술은 없지만 창의적인 이용자들을 위해 신속한 VR 프로토타이핑*VR prototyping* 역할을 한다. 웹페이지에 포함될 때 비어 있는 가상현실 장면을 로딩하는 단일 자바스크립트*JavaScript* 파일로 구성되는데, 웹VR 스타터 키트에는 웹페이지에 표시되는 빈 장면에 간단한 3D 개체를 만들고 조작하기 위한 간단한 명령인 three.js[15]를 래핑하는 API[16]가 포함되어 있다.

  이 API는 코드 아카데미*Code Academy*와 같은 사이트에서 가르치는 코딩 수준을 목표로 하며, 비디오 및 이미지 처리를 사용하여 코딩하는 방법을 학생들에게 가르치는 프로젝트인 Vidcode에서 영감을 받았다. 따라서 웹페이지는 카드보드, 오큘러스 리프트 또는 2D 모니터가 있는 iOS 또는 Android 휴대전화에서 실행되는 다양한 기기에 맞게 조정된다. JS Bin과 같은 HTML/JavaScript 샌드박스 사이트에

서 무료로 호스팅할 수 있다.[17]

- 제어: API는 장면을 만드는 기본 사항과 동적 및 대화형으로 만드는 방법을 다룬다. 사용자는 '기본' 모양(상자, 구, 원통 등)을 만들고 조작할 수 있다. 이러한 모양과 텍스처(조직/재질, 예: 금속, 돌, 잔디 등)를 적용하거나 이미지 파일을 통해 사용자 지정 텍스처를 적용할 수 있다. 스마트폰으로 360도 구형 사진을 바탕으로 배경도 만들 수 있다.[18] 사용자는 미디어(2D 이미지, 오디오)를 가져오고 미디어 재생, 개체 애니메이션*object animation* 또는 휴대전화 진동과 같은 이벤트를 적용해 볼 수도 있다.

---

## 홀로렌즈와 협업 시각화 공간*Hololens and Collaborative Visualization Space*

홀로렌즈 개발자는 이미 데이터 시각화에 대해 새로운 접근 방식을 도입하기 시작했다. 데이터 시각화*data visualization*[19]는 여러 다른 주제 분야를 포괄하는 매우 광범위한 분야이다. 예를 들어, 정보 시각화*Information visualization*는 엄청난 양의 데이터(예: 인터넷을 통한 네트워크 트래픽)를 효율적으로 표시하기 위한 새로운 패러다임을 찾는 것을 목표로 한다. 반면 과학적 시각화*scientific visualization*는 사용자가 이해하기 매우 어려운(혹은 거의 불가능한) 현상을 인식하는 것(예: 비행기 날개 주변의 기류)을 제시하는 것을 목표로 한다.[20] XR 기술의 본질적인 특성은 물리적 공간 내에서 가상 객체를 표시하는 유용한 도구와 함께 협업 시각화를 제공한다. 더욱이 마이크로소프트는 홀로렌즈에 시각화를 위한 새로운 프로그램을 개발하는 데 상당한 연구와 자원을 할애하고 있다.

### 홀로아나토미 *HoloAnatomy*

홀로아나토미는 뷰어가 자신의 속도와 관점에서 신체의 장기를 검사할 수 있는 홀로렌즈 앱이다. 홀로렌즈는 사용자의 시야에 홀로그램 객체를 투사하여 가상과 물리적 실체를 혼합하여 인체에 대한 이해를 향상시켜 준다. 우리는 HPPL에서 도서관에 영양 프로그램 *Nutrition Program* 을 제공하는 외부 기관과 협력한 적이 있다. 각 프로그램이 끝날 즈음에 모든 참석자에게 홀로렌즈를 통해 전체 생물학적 시스템들을 탐색할 수 있는 기회를 제공했다. 또한 학생들이 홀로아나토미 앱을 경험할 수 있도록 의학 관련 장서와 서가로 안내하였다.

### 마인크래프트 *Minecraft*

마인크래프트 워크숍이 진행되는 동안 우리는 홀로렌즈를 사용하여 젊은 세대들에게 협업 시각화를 소개하였다. 인기 있는 가상환경 중 하나인 마인크래프트를 성공적으로 탐색하려면 공간적 사고에 적응하는 것이 필요하다. 여기서 공간적 사고란, 물체의 모양, 크기, 방향, 위치, 방향이나 궤적 또는 여러 물체의

그림 2.2 홀로렌즈로 렌더링된 마인크래프트

공간상 상대적 위치에서 의미를 찾는 사고를 말한다.[21] 마인웨이즈*Mineways*[22]라는 프로그램을 홀로렌즈와 함께 사용하여 게이머들이 마인크래프트 창작물을 홀로그램으로 시각화하는 방법이 고안되었다(그림 2.2 참조). 사서들은 이용자들에게 마인크래프트에서 볼륨*volume*을 선택하고 OBJ[23] 파일로 내보낸 다음 HoloStudio[24]에 OBJ를 업로드하는 방법을 가르쳤다. 이 과정을 통해 우리는 이용자들이 이전에 결코 할 수 없었던 방식으로 자신의 작업들을 보고, 토론하고, 비평하는 것을 관찰할 수 있었다. 특히 새로운 통찰력을 얻고 문제를 보다 효과적으로 해결할 수 있었던 방법들과 디자인을 스크린에 보이는 공간에서 실제 공간으로 가져와서 모델들과 상호작용할 수 있고, 다른 차원에서 그들의 창작물들을 평가할 수 있다는 점에 만족감을 표했다.

## imrsv.data

imrsv.data는 JSON/CSV 파일(어떤 특정 형식을 준수하는 경우에 주어진다.)을 3차원 막대그래프로 시각화하는 데 사용할 수 있는 홀로렌즈 앱이다. 수년 동안 우리 도서관은 자원봉사자들과 전문적인 비지니스 멘토들과 네트워크를 이루어 정기적으로 학생들을 만나 협력해왔다. 최근 도서관 직원들은 이들의 회의에 참석하여 관심 있는 학생들이 데이터를 사용하는 방식을 조사하였다. 토론을 보다 촉진하기 위해 홀로렌즈를 통해 엑셀 스프레드시트를 볼 수 있도록 시도해 보았는데, 몇몇 참가 학생들은 3차원으로 접근할 수 있는 이점으로 크기의 차이를 더 명확하게 인식할 수 있다고 응답했다. 또한 데이터 포인트*data points*가 3차원 사이에 배치될 수 있기 때문에 더 많은 데이터를 동시에 표시할 수 있는 방법들에 대해 언급하기도 했다. 더 많은 데이터가 이해 가능한 형태로 동시에 시각화되어 데이터 분석 및 패턴 인식을 용이하게 해주었다고 하는 학생들도 있었다.[25]

# 오픈 웹에서의 VR 콘텐츠 제작
*VR Content Creation in the Open Web*

현재 오픈 웹에서 VR 콘텐츠를 제작한다는 것은 실험단계이며 비공식 학습환경에 사용되고는 있지만 시도해 볼 만하다.[26] VR에 대한 대부분의 이야기는 홀로렌즈, 오큘러스 리프트 또는 구글 데이드림*Google Daydream* 같은 특정 헤드셋과 관련되어 있다. 그러나 일반적인 웹브라우저에도 몰입형 경험을 제공할 수 있는 기술도 등장하고 있다. VR과 웹 호환성에 대한 개방형 표준들이 만들어 져 학생들이 제한된 기술세트와 자원들을 가지고도 끝없이 다양한 VR을 경험할 수 있게 해주고 있다.

### 웹VR 스타터 키트

웹VR 스타터 키트는 빈 가상현실 장면을 부트스트랩*bootstrap*하는 단일 자바스크립트 파일로 구성된 VR 콘텐츠 제작 도구이다. 여기서는 빈 장면에 간단한 3D 객체를 만들고 조작하기 위해 간단한 명령으로 three.js를 래핑하는 API가 포함되어 있다. HPPL 에서 웹VR 스타터 키트는 다양한 기술 수준을 가진 학생들에게 VR 콘텐츠 제작을 위한 기본 틀이며 이는 매우 유용한 도구라는 것이 입증되었다. 이와 더불어 이 키트는 학생들에게 이전에는 알지 못했던 스토리텔링 능력을 보여주며 사람들의 아이디어를 끌어들이는 데 사용할 수 있었다.

직원들은 웹VR 스타터 키트를 사용하는 5~10명의 학생 그룹들을 위한 워크숍을 2시간 동안 진행하면서 현장에서 VR 환경을 시연하였다. 참가자들 각자는 인터넷에 연결된 노트북<sup>(자신의 것이든 도서관에서 제공하는 것이든)</sup>을 가지고 있었다. 각 참가자는 브라우저에서 바로 편집할 수 있는 웹페이지를 제공하기 위해서 jsbin. com을 소개하고 계정을 만들게 하였다. JS Bin을 사용하기 위해 계정을 따로 만들 필요는 없다. 하지만 학생들이 작업한 것들이 사라질 수 있기 때문에 계정을 개설할 것을 권장하였다. jsbin. com에서는 학생들이 HTML 패널에 웹VR 스타터 키트 스크립트를 붙여넣는 방법과 명령어 목록을 참조하여 코딩을 시작하는 방법을 보여준다.

학생들에게는 웹VR 스타터 키트 명령어 목록들과 몇 줄의 코드만으로 수행할 수 있는 작업을 보여주는 일련의 실습들이 제공되고 안내되었다. 이러한 연습/실습에는 파노라마<sup>(구면 파노라마 사진 만들기)</sup>, 사운드<sup>(3D 공간에서 오디오 소스 생성)</sup>, 애니메이션<sup>(간단한 애니메이션 만들기, 이동 및 회전하는 객체들)</sup>, 하늘<sup>(움직이는 조명으로 사실적인 낮 만들</sup>

기), 원거리 근거리 작업(객체가 뷰어에 가까워지거나 멀어질 때 적용되는 근거리 및 원거리를 생성하는 작업) 같은 활동들이 포함되었다. 웹VR 스타터 키트는 잔디, 돌, 금속 및 나무와 같은 텍스처 맵$^{texture\ map}$을 위해 사전에 지정해 놓은 자료들을 위한 도서관을 제공한다. 웹VR 스타터 키트의 단순성은 3줄의 코드로 작성된 〈그림 2.3〉에서 확인해 볼 수 있다.

```
VR.floor().setMaterial('grass')
VR.sky()
VR.video(['https://povdocs.github.io/webvr-starter-kit/examples/assets/bigbuckbun
```

그림 2.3 웹VR 스타터 키트

학생들은 VR 환경에서 물체를 추가하는 방법을 배운 후에 위치, 색상, 재질 및 간단한 애니메이션과 같은 속성을 추가하는 방법을 배웠다. 예를 들어 두 줄의 코드로 나무 바닥과 하늘을 표시하거나(그림 2.4 참조), 녹색 원통을 추가하고 위치를 지정하고 자신의 것이라고 표시하는 것을 배웠다(그림 2.5 참조).

```
VR.floor().setMaterial('wood');

VR.sky();
```

그림 2.4 두 줄의 코드로 나무 바닥과 하늘을 표시한다.

```
VR.box({color: 'green'}).moveTo(0,2,0)

VR.text('This is my cylinder').moveTo(0,1,0)
```

그림 2.5 색상 및 위치 표시

워크숍이 중간 정도 지나고 학생들이 VR 환경에 익숙해졌을 무렵 강사가 구글 카드보드를 나누어주었다. 각 학생들의 JS Bin URL은 카드보드를 사용하여 이들이 iOS 또는 Android 휴대전화든 상관없이 다양한 기기에 자동으로 적용되었다. 학생들에게는 자신의 JS Bin URL을 다른 사람들과 공유하고 나중에 다시 돌아가서 편집하거나, 코드를 새롭게 작성하도록 하는 안내하였다. 끝으로, VR 콘텐츠 제작에 관심이 있는 모든 학생에게 A-Frame with HTML이라는 다음 단계의 워크숍을 신청하여 참석할 것을 권유하였다.

### A-Frame with HTML

A-Frame은 웹VR 스타터 키트와 같이 오픈 웹에서 VR 콘텐츠를 개발하는 방법 중 하나이다. Mozilla(모질라)는 선구적인 웹VR 플랫폼 위에 콘텐츠를 더 쉽게 만들 수 있는 방법으로 A-Frame을 구축했다.[27] 독립된 오픈 소스 프로젝트로써 이제

A–Frame은 가장 큰 VR 커뮤니티 중 하나로 성장했다.

A–Frame은 그 어떤 것도 따로 설치하지 않고서도 일반 HTML 파일에서 개발할 수 있으며 WebGL[28] 지원 브라우저나 VR 헤드셋에서 실행되는 VR을 경험하는 데도 사용할 수 있다. A–Frame의 기본 아이디어는 HTML 태그와 속성을 사용하여 VR 장면을 만들 수 있게 하여 웹 사이트를 구축하는 것과 같은 방법으로 VR을 개발하게 하는 것이다. A–Frame을 사용하여 VR 경험을 만든 좋은 예로는 〈워싱턴포스트〉지의 기사 '화성: 상호작용 여행*Mars: An Interactive Journey*'이다(www.washingtonpost.com/graphics usiness/mars-journey/).

A–Frame with HTML 워크숍에서 강사는 HTML 속성을 통해 개체를 수정하는 방법을 가르친다. HTML에서 속성은 글꼴 크기 또는 색상과 같은 페이지 요소의 특성을 말한다. 시작점으로 학생들은 Glitch.com에서 A–Frame 프로젝트를 조합하여 즉시 실험할 수 있는 방법도 보여준다. Glitch.com은 온라인 웹 프로젝트를 무료로 호스팅하고 배포하는 코드 편집기이다. 워크숍에서 강사는 Glitch.com에 내장된 리믹스 학습 내용*remix lessons*을 학생들에게 안내하였다. 이 학습에서는 3D 공간 'X, Y, Z'에서 물체의 위치를 찾거나 변경하고, 색상을 변경하고, 회전하거나 배율을 변경하는 방법들을 보여준다. Glitch.com에 내장된 수업 내용을 모두 마치면 학생들에게 MagicaVoxel[29]에서 더 복잡한 3D 요소를 생성하는 방법과 이를 A–Frame으로 가져오는 방법을 보여준다.

## 스토리텔링, 구리 *Storytelling with Guri*

댄 자이즈밴드*Dan Zajdband*가 개발한 구리*Guri*는 직관적인 설명을 기반으로 VR을 경험하게 하는 데 초점을 맞춘 도구 세트이다. 웹 VR 스타터 키트나 HTML 워크숍용 A-Frame과 달리, 구리를 통한 스토리텔링 워크숍에는 어떤 코딩 작업도 포함되어 있지 않다. 기본 도구는 사용자가 경험하고 싶은 것을 평이한 영어로 표현할 수 있는 편집기일 뿐이다. 구리에서 만든 모든 프로젝트는 학생들의 VR 장면을 공유하기 위해 설치 가능한 링크를 생성한다. 출력물은 자동 생성된 A-Frame 마크업을 사용하는 HTML 파일이다. 구리 워크숍에서 학생들은 GuriVR.com에서 찾을 수 있는 편집기를 탐색하는 방법들이 소개된다. 워크숍은 360도 사진 및 3D 모델링의 기본 사항을 다루는 것을 시작으로, 이러한 사진들을 오디오와 혼합하여 몰입형 스토리를 만드는 과정이 다루어진다. 워크숍이 끝날 무렵에는 학생들은 웹에서 어떤 기기를 사용하더라도 직접적으로 공유하고 사용할 수 있는 일종의 완성된 VR을 경험하게 된다.

# 도서관에서 XR 기술 활용과
# 미래 방향에 대한 시사점
*Implications for the Future Direction of XR Technologies in*
*Libraries*

역사적으로 도서관은 다양한 형식의 콘텐츠를 생성, 보존하여 보급하는 기능을 수행해 왔다.[30] 사서로서 우리는 VR 기술이 도서관 이용자들이 정보를 생각하고 처리하는 방식에 어떻게 영향을 미칠지, 그리고 VR 기술을 학습 통합하는 과정에 어떻게 통합시킬 수 있을지에 대해 살펴보기 시작했다.

　　도서관과 공유된 학술공간*shared academic spaces*은 언젠가는 가상 상호작용을 위해 설계된 물리적 그리드*physical gride*나 개방형 사운드 스테이지*open sound stages*를 제공할 수 있으며, 학생들은 원격 사이트로 현장학습*field trips*을 안내받거나 다른 문화와 교류하거나 시간여행을 할 수 있다. 강사들 또한 그곳에서 중요한 개념을 설명하고 질문하게 될 것이다. 신체장애나 재정적으로 어려움이 있는 학생도 이전에는 경험하지 못했던 장소와 경험에 접근할 수 있다. 블랙홀로 여행하거나 DNA의 가닥 사이를 날아가는 등 이전에는

이론화할 수 없었던 것들을 경험하는 것이 이미 학생들에게 가능해지고 있다.[31, 32]

VARlibraries(가상 증강현실 도서관)[33]는 2016년 캘리포니아의 공공 도서관에 VR 시스템을 설치하기 시작했다. VARlibraries는 캘리포니아 주립도서관 사서들과 CALIFA(칼리파)와 협력하여 몰입형 학습을 제공하였고, 마크 저커버그가 '21세기의 차세대 컴퓨팅 플랫폼'[34]이라고 말한 것들을 도서관을 통해 평등하게 배포하여 공유하게 되었다.

스마트폰의 보편화로 인해 도서관 및 기타 문화기관에서도 사람들이 새롭고 흥미로운 방식으로 장서를 탐색할 수 있는 XR 앱[35]을 제공하게 되었다. 따라서 XR을 도입하는 데 많은 인프라도 필요하지 않게 되었다. 도서관에서는 이용자들에게 이런 소비자 기술들에 접근하게 하고, 자원을 제공하는 파트너십을 구축한다. 또한 XR 기술을 탐색하기 위한 직원 교육은 기술에 대한 접근을 민주화하는 도서관의 전통을 이어가고 있다.

사회에서 XR에 대한 새로운 응용 프로그램을 계속적으로 실험함에 따라, 검열censorship 가능성의 우려는 점점 커지고 있다.[36] XR 앱의 배포가 독점 소스에 의존하게 되면, 소수의 회사만이 자신의 선호도와 감성에 따라 콘텐츠를 제한할 수 있게 된다. 이는 논란이 되는 주제를 탐색하는 XR 경험들에는 접근할 수 없음을 의미한다. 2018년 현재, 아직까지는 미국의 웹에는 그러한 제한이 없다.[37] 이것은 도서관이 웹VR을 지지해야 하는 이유이기도 하다.

# 3D 모델링을 위한
# 가상현실

Virtual Reality for 3D Modeling

김보현*Bohyun Kim*

지난 몇 년 동안 VR은 사람들에게 상당한 관심 주제였지만, 일반 대중들이 경험할 수 있게 된 것은 두 가지 고급 VR 시스템인 HTC 바이브와 오큘러스 리프트가 2016년 출시되면서 부터이다.[1] 3D 헤드마운트 디스플레이가 있는 VR 시스템을 통해 사람들은 가상 디지털 세계를 경험하고 상호작용할 수 있다. 몰입형 VR 환경은 학습, 직업 교육, 제품 디자인, 프로토타이핑과 같은 다양한 상황에서 엄청난 자산이 될 수 있다. 음성뿐만 아니라 제스처, 시각 및 소리와 같은 기타 양식을 사용하는 인터페이스를 제공하는 대화 시스템과 결합하게 되면, VR은 가까운 미래에 훨씬 더 강력한 도구가 될 것이다.[2]

대부분의 사람은 VR 기술이 게임과 엔터테인먼트를 위한 것이라고 생각한다. 그러나 VR은 더 많은 영역에 영향을 미칠 가능성이 있으며 빠르게 주류 기술이 되고 있다. 가트너*Gartner*는 2018

년 10대 전략적 기술로 VR과 AR을 꼽았다. 그리고 AR, VR과 MR을 현재 사용자 경험을 몰입형으로 변화시킬 수 있는 잠재력을 가진 기술로 꼽았다.[3] 딜로이트*Deloitte*도 VR 및 AR 기술이 이제 개념 증명단계를 넘어 산업화를 위한 혁신적인 이용 사례나 프로토타입이 적용될 단계에 이미 도달했다고 보도하였다.[4] VR, AR 및 MR 기술은 공학, 의학 및 교육 분야에서 흥미로운 혁신을 이끌고 있다. 예를 들어 NASA의 제트 추진 연구소*Jet Propulsion Lab*는 프로토스페이스*ProtoSpace*라는 디지털 환경을 개발했다. 멀티컬러 CAD*Computer-Aided Design*로 구현된 이 MR 프로그램을 통해 공학자들은 물리적 부품이 실제로 제작되기 전에 객체처럼 느껴지도록 각 객체를 가상으로 만들어서 디자인의 결함을 미리 찾을 수 있도록 하였다.[5] 의료 및 수술 장비 및 기술회사인 스트라이커*Stryker*는 최근 스코피스*Scopis*라는 외과의사들을 위한 MR 인터페이스를 개발했다.[6] 마이크로소프트의 홀로렌즈를 사용하여 수술의 정확도와 속도를 향상하기 위해 척추 및 기타 복잡한 수술 과정에서 '의료 영상 안내 시스템*medical image guidance system*'을 오버레이시켜 외과의사를 가이드한다.[7] 교실에서 교사는 구글 엑스펜디션*Google Expeditions*이나 디스커버리 VR*Discovery VR* 같은 도구를 도입하여 학생들에게 VR을 경험하게 한다.[8]

2011년 뉴욕주 페이엣빌 공공도서관*Fayetteville Free Library*에서 미국 최초의 도서관 메이커스페이스를 만든 이후부터 많은 도서관은 3D 프린팅과 같은 새로운 기술을 탐색할 수 있도록 자체적으로 메이커스페이스를 구축하였다. VR은 새로운 기술, 실습 활동 및 체험 학습에 대한 조기 노출 및 공평한 접근과 밀접하게 관련되어 있으므로 메이커스페이스가 추구하는 방향과도 잘 맞는다. 3장에서는 특별히 3D 모델 생성을 위해 VR을 도서관 메이커스페이스에 통합하여 도서관 이용자가 3D 기술에 정통한 소비자일 뿐만 아니라, 적극적인 3D 콘텐츠의 제작자가 되도록 힘을 실어주는 방법에 대해 논의할 것이다.

# 왜 3D 모델링을 위한 VR인가?

*Why Virtual Reality for 3D Modeling?*

메이커스페이스에서 가장 흔하게 볼 수 있는 품목 중 하나는 3D 프린터*desktop 3D printer*이다. 사람들은 3D 프린터가 컴퓨터에 표시된 디자인에 따라 물체를 만드는 것을 흥미롭게 여긴다. 일단 3D 프린팅 과정이 어떻게 작동되는지 알게 된다면, 대부분의 사람은 디자인이나 3D 프린팅에 대해 이야기한다. 이런 이유로 3D 프린팅 관련 도서관 프로그램은 꽤나 인기가 있다. 그러나 3D 프린팅을 시도하는 많은 사람은 3D 프린팅 기술을 최대한 활용하려면 3D 프린터 작동뿐만 아니라 3D 모델링에도 익숙해져야 한다는 것을 곧 알게 된다. 3D 프린팅 기술을 사용하여 온라인에서 다운로드한 모델을 간단히 3D 프린팅할 수 있다. 하지만 기존의 3D 모델을 단순히 3D 프린팅하는 경우에도 기본 수준의 3D 모델링을 작동하는 방식을 이해해야 한다. 모든 3D 모델에 유효한 3D 지오메트리*geometry*가 있는 것은 아니기 때문이다. 3D

프린터가 3차원 물체를 성공적으로 만들려면 모델이 견고해야 한다. 즉 물체의 모든 표면이 밀봉되어야 한다.

3D 스캐너로 생성된 파일을 포함하여 3D 모델 파일이 항상 객체를 정확하게 나타내는 것은 아니다. 컴퓨터에서 3D 모델은 정점(점), 모서리(두 정점을 연결하는 선), 또는 면(가장자리로 둘러싸인 평평한 표면)의 모음인 메시^mesh^로 표현되는 경우도 많다.[9] 이 3D 메시는 개체의 표면 모양을 결정한다. 메시가 화면에 표시될 때 3차원 객체처럼 보일 수 있지만 실제로는 그렇지 않은 경우가 있다. 이것이 3D 프린터로 보낸 3D 모델 파일이 때때로 3D 프린터에서 개체를 생성하지 못하게 하는 오류를 발생시키는 이유이다(당연하게도 출력이 되지 않는다). 이를테면 일치하지 않는 표면선이라든가, 두께가 없는 모양 아래 면 사이의 틈새라든지, 두 면 이상에 연결된다든지, 〈그림 3.1〉의 역삼각형(잘못된 방향을 향한 표면)과 같은 메

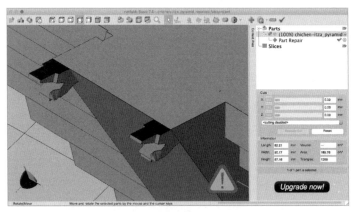

그림 3.1 3D 모델링 소프트웨어인 NeFabb에서 생긴 메시 에러

시 오류가 포함될 수 있다.[10] 이러한 문제가 있는 3D 모델은 3D로 인쇄하기 전에 3D 모델링 소프트웨어를 통해 수정해야 한다.[11]

이러한 오류를 수정하고 기존 설계를 수정하거나 새 모델을 생성하려면 사용자가 블렌더*Blender*, 구글 스케치업*Google SketchUp*, 라이노*Rhino*, 솔리드웍스*SolidWorks* 또는 틴커캐드*Tinkercad*[12]와 같은 3D 모델링 응용 프로그램 사용법을 알아야 한다. 이러한 응용 프로그램 중 일부는 다른 응용 프로그램보다 사용하기 쉬운 편이기는 하지만, 어느 것도 초보자가 배우기에는 쉽고 직관적이지는 않다. 이러한 응용 프로그램을 사용하여 3D 모델을 설계하는 방법을 배우려면 시행착오 방법을 사용하는 것뿐만 아니라 어느 정도의 교육(튜토리얼)이 필요하다.

메이커스페이스가 궁극적으로 달성하고자 하는 목표는 더 많은 메이커를 성장시키는 것이며, 여기에는 3D 프린터 작동 방법뿐만 아니라 3D 콘텐츠 제작 방법에 대한 교육도 포함된다.[13] 그런데 3D 모델링 응용 프로그램을 배우기 어렵고 사용하기 어렵다면 3D 모델링에 익숙해지게 하는 데 장애가 될 것이다. 특히 키보드와 마우스를 사용하여 2차원 화면에서 3차원 개체를 디자인하거나 조작하는 것은 까다롭고 어려운 일이다. 그러나 VR 환경에서는 더이상 2차원 인터페이스와 디자인 도구 사용에 제약을 받지 않는다. VR 환경은 3D 모델을 훨씬 더 직관적이고 배우기 쉽게 만들고 상호작용할 수 있게 해준다. VR 환경을 위해 개발된 3D 모델링 및 조각 도구는 이미 많이 있다.[14] 이러한 도구를 사용하여 도서관은 VR 환경에서 3D 모델을 더 쉽고 빠르게 생성하고 수정하여 궁극적으로 3D 프린터로 인쇄하는 법을 사람들에게 보여줄 수 있다. HTC 바이브 또는 오큘러스 리프트 같은 VR 시스템, 3D 프린터 그리고 관련 교육 제공과의 조합은 도서관 메이커스페이스를 위한 더 큰 시너지 효과를 창출할 수 있다.

# 3D 모델링을 위한 VR 장비와 앱

*Virtual Reality Equipment and Application for 3D Modeling*

현재 HTC 바이브와 오큘러스 리프트는 인기 있는 고급 VR 시스템들이다. 이 둘 모두 헤드셋, 2개의 컨트롤러 그리고 2개의 센서로 구성되어 있다. 센서와 헤드셋은 케이블로 컴퓨터와 연결되며, 센서는 헤드셋과 두 컨트롤러의 위치와 움직임을 추적한다. 이용자들은 두 개의 컨트롤러를 사용하여 VR 환경과 상호작용한다. VR 환경은 약 6.5×5피트 정도의 방 규모로 제공되기 때문에 이런 환경에서는 진정으로 몰입감이 생성되며 이용자는 실제 세계와 같은 방식으로 걸으면서 명상 장면을 경험할 수 있다.

HTC 바이브와 오큘러스 리프트용으로 개발된 3D 모델링 앱들은 많이 존재한다. 다음은 각 응용 프로그램이 '가져오기'와 '내보내기'를 지원하는 파일 형식과 함께 이러한 응용 프로그램 중 일부 목록이다. STL와 OBJ는 3D 프린팅의 표준 파일 형식이다. VR 환경에서 만든 3D 모델은 .stl 또는 .obj 파일로 내보내면 3D

프린터로 보낼 수 있다.

- MakeVR Pro는 HTC 바이브에서 사용할 수 있으며 .sab, .sat, .stl(가져오기), .sab, .stl 및 .obj(내보내기)를 지원한다.[15]
- 미디엄medium은 삼성 갤럭시 스마트폰을 사용하는 오큘러스 리프트와 삼성 기어에서 실행된다. .obj, .fbx(가져오기) 및 .obj(내보내기)를 지원한다.[16]
- ShapeLab은 HTC 바이브와 오큘러스 리프트 모두에서 사용할 수 있으며 .stl 및 .obj(가져오기 및 내보내기)를 지원한다.[17]
- MasterpieceVR은 HTC 바이브와 오큘러스 리프트 모두에서 사용할 수 있으며 .obj, .fbx 및 .stl(가져오기 및 내보내기)을 지원한다.[18]
- Gravity Sketch Pro는 HTC 바이브와 오큘러스 리프트 모두에서 사용할 수 있으며 기본 버전은 .obj(가져오기와 내보내기)를 지원한다.[19]
- 구글 블록Google Bolcks은 HTC 바이브와 오큘러스 리프트 모두에서 실행되며 .obj(내보내기)를 지원한다.[20]

다음 섹션에서는 MakeVR Pro 및 틴커캐드를 예로 VR 3D 모델링 앱이 전형적으로 VR이 아닌(2차원을 의미함) 3D 모델링 응용 프로그램과 비교하여 각각 어떻게 작동하는지 설명하고자 한다. HTC 바이브에서 실행되는 MakeVR Pro는 VR 3D 모델링 앱이고 틴커캐드는 웹브라우저에서 실행되는 기존의 2차원 3D 모델링 응용 프로그램이다.

## MakeVR Pro vs. 틴커캐드

MakeVR Pro(메이크VR 프로)는 CAD 엔진 기반의 3D 솔리드 모델링에 최적화된 앱이며 3D 프린팅을 위한 개체 설계에 적합하다. MakeVR Pro 앱은 온라인 게임 배포 플랫폼인 스팀 *Steam*에서 구입할 수 있으며,[21] 간단하게 HTC 바이브 헤드셋과 두 개의 센서에 연결된 컴퓨터에서 응용 프로그램을 실행하여 MakeVR Pro를 시작할 수 있다. MakeVR의 Pro 버전은 .stl 파일 가져오기와 내보내기를 지원하고 정밀 3D 모델링 도구가 포함되어 있으므로 추천되고 있다.[22]

### 탐색과 확장 *Navigation and Scaling*

일반적으로 2차원 화면에서 3D 개체를 검사하는 방법은 개체를 다른 각도에서 보기 위해 개체 또는 개체가 있는 스테이지를 움직여 보는 것이다. 예를 들어 Mac에서 구동한 틴커캐드(그림 3.2 참조)에서 이용자는 트랙패드를 클릭하고 두 손가락을 드래그하여 스테이지를 움직여 볼 수 있다. 줌인, 줌아웃, 스테이지 상하좌우 이동을 위한 버튼도 있다.[23] 개체를 이동시키기 위해서는 마우스나 키보드의 화살표 키를 이용한다. 컴퓨터 화면은 2차원이고 물체는 3차원이기 때문에 일이 조금 까다로울 수 있다. 예를 들어, 객체를 z축에서 위 또는 아래로 이동하려면 객체 상단의 화살표 모양 포인터를 클릭해야 한다. 개체의 크기를 조정하려면 개체의 네 모서리에 있는 정사각형 모양의 점을 클릭하고 끌어야 한다. 회전하려면 x, y 및 z 축 각각에 대해 클릭할 세 개의 곡선과 이중 화살표가 있어야 한다.

반면 VR 환경에서 3D 개체를 다루는 것이 훨씬 쉽고 직관적이다. MakeVR Pro에서는 컨트롤러로 개체를 가리키고 오른쪽 컨트롤러의 트리거를 눌러 선택한다. 개체가 선택되면 실제 세계에서와 같은 방식으로 개체를 이동할 수 있다. 개체의 크기를 조정하려면 두 컨트롤러의 트리거를 동시에 누르고 바깥쪽 또는 안쪽 제스처를 만들어 개체의 크기를 늘리거나 줄인다. 이러한

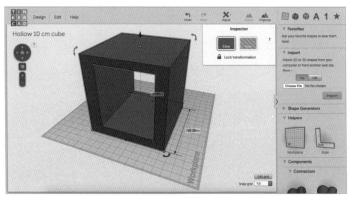

그림 3.2 웹브라우저 기반의 무료 3D 모델링 소프트웨어인 틴커캐드

제스처는 사람들이 명시적인 지시 없이 스스로 알아낼 수 있을 정도로 직관적이다.

VR 환경에서는 모델링된 객체를 외부에서 보는 것에 국한되지 않는다. 대신, 하나는 개체가 있는 동일한 3D 세계에 있다. 따라서 물체를 실제 크기로 조정하고 실제 세계에서와 같이 검사할 수 있다. 방 크기 정도의 VR 환경은 컴퓨터 화면의 크기에 구애받지 않고 여러 물체를 서로 다른 공간에 배치하고 합치거나 분해할 수 있다. 여러 개체로 구성된 전체 장면을 만든 다음 장면을 걸어볼 수도 있다. 이것은 건물이나 다리와 같은 대형 구조물을 설계할 때 큰 차이가 난다. 이러한 몰입형 경험은 틴커캐드와 같은 기존의 2D 화면 기반 3D 모델링 응용 프로그램에서는 제공하기 어렵다.

### 기본 도구들*Basic Tools*

MakeVR Pro는 빼기, 추가, 슬라이스, 복사, 삭제, 추적, 피봇 이동, 색상 및 질감, 스윕, 와이어 만들기, 크기 조정, 각인 및 미러의 13가지 도구를 제공한다. 이러한 도구에 접근하려면 먼저 왼쪽 컨트롤러의 작은 메뉴 버튼을 눌러 메뉴 태블릿을 불러온다. 그런 다음 오른쪽 컨트롤러의 트리거 버튼을 눌러 '도구' 옵션을 선택한다(그림 3.3 참조).

벽에 창을 만들고 싶다고 가정해 보자. 빼기를 사용하여 이를 수행할 수 있다. 먼저, 기본 블록을 가져와 벽 모양으로 만든

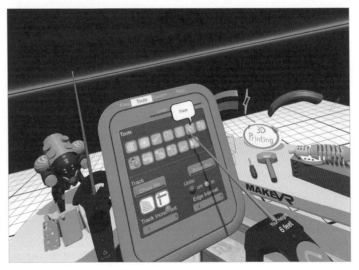

그림 3.3 MakeVR Pro의 메뉴 중 도구

다. 다른 블록을 가져와 창 크기로 만든다. MakeVR Pro에서는 메뉴에서 '빼기' 도구를 선택하고 창 블록을 선택하여 원하는 위치의 벽으로 가져온 다음, 컨트롤러의 큰 둥근 '이동' 버튼을 누른다. 이렇게 하면 벽에서 창 블록과 겹치는 부분을 빼서 그 자리에 창을 만든다.

틴커캐드에서 빼기는 '구멍hole'이라는 도구로 수행된다. 위의 예를 사용하여 창 모양 블록의 유형을 '솔리드' 대신 '구멍'으로 설정하고 〈그림 3.4〉와 같이 벽을 통해 창 모양의 '구멍'을 배치한 다음 '그룹' 아이콘이 메뉴에 표시된다. 이제 벽 모양의 구멍과 벽이 병합되어 제자리에 창을 남긴다.

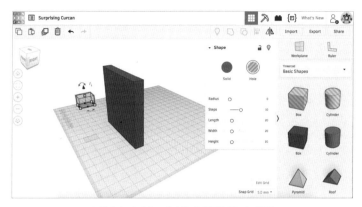
그림 3.4 틴커캐드에서 벽에 창문을 만드는 방법

'추가Add' 도구는 서로 겹치는 두 개체를 병합한다. MakeVR Pro에서는 이것을 '더하기addition'라고 한다. 틴커캐드에서는 이를 '그룹화'라고 한다. MakeVR Pro의 '추가' 작업은 복제된 개체를 복제하고 추가한다. 틴커캐드에는 이러한 중복이 없다. '슬라이스'는 MakeVR Pro에서만 사용할 수 있다. '슬라이스'와 '빼기'의 차이점은 '슬라이스'를 사용할 때 슬라이스되는 부분이 제거되지 않고 제자리에 남아 있다는 것이다.

### 정밀 도구들Precision Tools

2D 환경과 VR 환경은 물체를 더하거나 뺄 때라면 큰 차이가 없을 수는 있다. 하지만 여러 개체를 정렬하는 데에는 확실히 다르다. 객체를 정확하게 정렬하는 것은 어렵지만 3D 모델링에서 종종 필요한 작업이다. 그런데 2차원 컴퓨터 화면에서 3D 모델

개체를 잘 보기는 어렵고 개체의 구조가 복잡한 경우에는 더욱 어렵다. 기존 3D 모델링 응용 프로그램에서 두 객체는 실제로는 서로 멀리 떨어져 있지만 한 각도에서 서로 인접하거나 접촉하는 것처럼 보일 수 있다. 이것은 다양한 각도에서 그 물체를 관찰해야만 발견할 수 있다. 이러한 이유로 많은 이용자는 여러 3D 개체를 정확한 방식으로 정렬하는 데 어려움을 겪는다. 또한 물체를 이동시키려다가 실수로 물체의 크기나 모양을 변경하는 경우도 흔하다.

　로봇을 어떤 받침대 위에 올려놓고 싶다고 가정해 보자. 이를 위해 로봇은 받침대 위에 뜨거나 부분적으로 묻히지 않고 받침대 표면에 정확히 위치해야 하며 이상적으로는 중앙에 위치해야 한다. 두 개체를 서로 겹칠 만큼 가깝게 가져오는 것은 어렵지 않다. 그러나 하나를 다른 물체의 표면에 정확히 배치하여 두 물체 사이의 거리를 0으로 만드는 것은 기존의 3D 모델링 응용 프로그램에서 결코 간단한 작업은 아니다. 이러한 유형의 정확한 정렬을 돕기 위해 틴커캐드는 '작업 평면*workplane*'이라고 하는 것을 제공한다. 틴커캐드를 시작할 때 하나의 기본 작업 평면이 이미 제공되며 정렬 목적으로 더 가져올 수 있다. 예를 들어, 로봇을 받침대에 놓기 위해서는 먼저 받침대 위에 새로운 작업 평면을 놓는다. 그런 다음 로봇을 작업 면에 가깝게 이동하여 로봇이 작업 면에 위치하도록 할 수 있다. 이 작업이 완료되면 받침대와 로봇 사이의 작업 면을 제거할 수 있다. 이것은 평평한 표면에서 잘 작동한다. 그러나 곡면의 경우 서로 다른 각도에서 표면을 수용하기 위해 여러 작업 평면을 사용해야 하며 상황이 복잡하고 답답해질 수 있다.

이와 대조적으로 MakeVR Pro의 '추적' 및 '피봇 이동' 도구를 사용하면 개체의 정확한 정렬을 쉽게 수행할 수 있다. 이와 동일한 예로 설명하자면, 로봇을 선택하고 '추적' 도구를 선택하면 받침대로 로봇을 이동시키면 로봇은 받침대 표면을 트래킹한다. 이는 선택한 개체의 피봇 지점에서 발생한다. 이러한 이유로 로봇의 중심축이 몸체의 중심에 있으면 로봇의 중심은 받침대 표면의 상단을 추적하고 로봇은 표면에 반쯤 잠긴 것처럼 보인다. '피봇 이동*Move Pivot*' 풀*pool*은 피봇 포인트를 변경하는 데 사용된다. 로봇의 피봇 포인트가 중앙 하단으로 이동하면 로봇의 발이 표면을 추적한다.

격자와 눈금자는 MakeVR Pro의 추가 정밀 도구이다. MakeVR Pro의 격자(그리드)는 틴커캐드의 작업 평면과 유사하지만 더 다양하다(그림 3.5 참조). 틴커캐드의 작업 평면처럼 스냅하기 위해 개체의 표면이 필요하지 않으며 정확한 위치에서 개체를 정렬, 방향 조정 및 크기 조정하기 위해 독립형 평면으로 사용할 수 있다. 〈그림 3.6〉과 같이 눈금자와 격자를 별도로 사용하거나 함께 사용하여 조립하는 동안 작업 부품 간의 올바른 위치 관계를 유지하는 데 사용되는 장치인 지그*jig*를 만들 수 있다. 눈금자와 격자는 모두 확장 가능하며 측정 단위는 미터법과 영국식 간에 변경할 수 있다. 증분$^{increment}$을 조정하는 것도 가능하다. MakeVR Pro 의 격자와 눈금자를 사용하면 원하는 위치에 여러 개체를 정확하게 배치하거나 연결할 수 있다.

MakeVR Pro와 틴커캐드는 모두 사용자가 〈그림 3.4〉와 같이 x, y 및 z 축에서 정확한 각도로 개체를 회전할 수 있도록 하는 방사형 스냅 격자를 제공한다. MakeVR Pro의 제스처 또는 틴커캐드의 마우스 움직임이 방사형 격자 내에서 이루어지면 개체가 격자의 눈금 각도로 회전한다. 제스처나 마우스 움직임이 격자 외부에서 이루어지면 개체를 자유롭게 회전할 수 있다. 정밀 3D 모델링에 유용한 또 다른 도구는 '미러링$^{(거울)}$' 도구이다. 이 도구를 사용하면 이미 생성된 다른 부품을 정확하게 미러링하는 부품을 빠르게 생성할 수 있다. 틴커캐드와 MakeVR Pro는 모두 미러링 옵션을 제공한다.

### 다른 도구들$^{Other\ Tools}$

MakeVR Pro 및 틴커캐드에서 사용할 수 있는 몇 가지 다른 도구들이 있다. MakeVR Pro와 틴커캐드 모두 개체를 색칠할 수 있으며 MakeVR Pro에는 추가 텍스처 옵션이 있다. 질감은 3D 프린터로 처리되는 것이 아니며 모델의 색상은 궁극적으로 3D 인쇄에 사용되는 필라멘트에 따라 다르지만 이러한 옵션은 의심할 여지 없이 재미있게 사용할 수 있다.

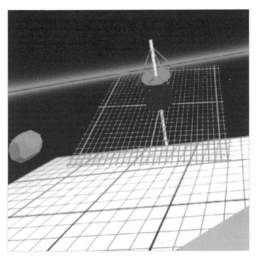

그림 3.5 MakeVR Pro에서에 격자(그리드)와 룰러를 사용한 예

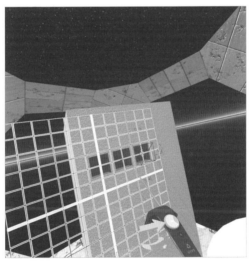

그림 3.6 MakeVR Pro에서 격자(그리드) 기능을 사용하여 창 크기의 구멍을 만들 수 있다.
<그림 3.4>와 비교해 보라.

MakeVR Pro와 틴커캐드 둘 다 모두 블록, 원뿔, 원통, 구, 피라미드 등과 같은 미리 만들어진 여러 개체를 제공한다. MakeVR Pro에서 이러한 '개체$^{primitives}$'는 'Files' 메뉴에서 접근할 수 있다. 틴커캐드에서는 화면 오른쪽의 '기본 모양' 아래에 표시된다.

틴커캐드는 또한 '텍스트 및 숫자', '문자' 및 '커넥터' 범주 아래에 추가 개체를 제공한다. 반면, MakeVR Pro를 사용하면 틴커캐드에서 사용할 수 없는 'Make Wire'와 'Sweep' 도구를 사용하여 자유 형식 개체를 만들 수 있다.[24]

MakeVR Pro의 각 도구에는 짧은 'Show Me' 튜토리얼이 함께 제공된다. MakeVR Pro에는 소개, 탐색, 빼기, 도구, 도구 상자, 추적 및 지그와 같은 일련의 자습서도 포함되어 있다. MakeVR Pro에서 개체 구축을 시작하기 전에 이 튜토리얼을 살펴보는 것이 좋다. 많은 단계별 수업과 튜토리얼을 제공하는 틴커캐드에도 동일하게 적용된다.

틴커캐드와 MakeVR Pro가 제공하는 도구에는 겹치는 부분이 있지만 MakeVR Pro의 VR 환경은 많은 3D 모델링 작업, 특히 2차원 컴퓨터 화면에서 까다로운 작업을 보다 직관적이고 수행하기 쉽게 만든다. 이것이야말로 VR 환경이 3D 모델링 응용 프로그램에 적합하다는 것을 나타낸다. 3D 모델링 작업을 수행하는 것이 직관적일수록 사람들은 회전, 더하기 및 빼기와 같은 기본 작업을 수행하는 방법을 배우는 데 시간을 소비하는 대신 3D 모델을 만드는 시간에 집중할 수 있을 것이다.

# VR을 메이커스페이스에 통합하기 위해 실제로 고려해야 할 사항들

*Practical Considerations for Integrating Virtual Realtiy into a Makerspace*

이미 메이커스페이스 공간이 있는 도서관은 메이커스페이스에 VR을 추가하는 것이 매력적일 수 있다.[25] 3장에서는 VR 시스템인 HTC 바이브에서 실행되는 MakeVR Pro와 웹 브라우저에서 실행되는 기존의 2차원 3D 모델링 응용 프로그램인 틴커캐드를 비교하는 방법에 중점을 두었다. 정교한 VR 3D 모델링 앱을 실행하려면 고급 VR 시스템이 필요하며 도서관 메이커스페이스에도 좋은 선택이다. 도서관 이용자들은 집에서 기기들을 소유하고 있지 않기 때문이다. 다만, 목표가 단순히 VR 경험을 제공하는 것이라면 더 저렴한 VR 솔루션은 많이 있다. 예를 들어 구글 카드보드 방식의 VR 뷰어는 가격이 10달러에 불과한 데다가 이용자의 스마트폰을 그 자리에서 VR 기기로 바꿀 수 있다.[26] 대형 뷰어에 장착된 삼성 기어 VR과 아이패드 미니도 훨씬 저렴한 가격으로 VR을 경험할 수 있다.[27]

다만 공간 계획의 측면에서 사용자가 VR 환경을 자유롭게 이동하고 탐색할 수 있도록 일정한 공간이 필요하다. HTC 바이브 및 오큘러스 리프트는 약 6.5×5피트의 실내 규모 VR 환경을 설정할 수 있다. 하지만 학급 또는 소규모 사용자 그룹이 새로운 VR 시스템 주변에 모여 경험이 어떤 것인지 확인하고자 하기 때문에 도서관은 VR 공간에서 관찰자를 수용할 수 있는 추가 공간을 허용해야 하며, 추가로 VR 시스템에 연결된 컴퓨터의 화면을 미러링하는 대형 화면 디스플레이에 투자해야 한다(그림 3.7 참조).

이를 통해 관찰자는 VR 시스템을 사용하는 사람이 보는 것을 동시에 볼 수 있다. VR 공간 계획에서 고려해야 할, 그리고 작

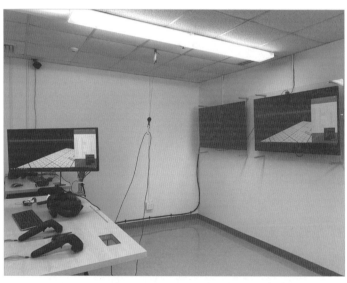

그림 3.7 로드아일랜드대학 도서관의 메이커스페이스 VR 공간 사례

지만 중요한 요소는 헤드셋을 착용한 사용자가 실수로 VR 영역을 벗어나거나 벽이나 가구에 부딪치는 일이 없도록 하는 것이다. 가구나 바닥에 두꺼운 매트를 설치하는 방법으로 VR 존(지대)을 덮는 것도 하나의 해결책이 될 수 있다. 이용자가 해당 영역을 벗어나면 물리적으로 신호를 보내거나, VR 체험을 위한 전용 공간을 마련하면 이 문제를 해결하는 것과 동시에 소음 방지에도 도움이 될 수 있다.

도서관에 아직 메이커스페이스가 없다면 VR 공간을 만들거나 VR을 강력한 구성 요소로 사용하여 메이커스페이스를 만드는 것도 좋은 방법이다.[28] 3D 모델링은 VR 환경에서 배우고 실습하기에 훨씬 더 직관적이다. 이러한 이유로 VR은 3D 콘텐츠 제작 경험이 거의 없는 도서관 이용자를 이끌 수 있는 좋은 방법을 제공한다. VR, 특히 VR 환경을 위해 개발된 3D 모델링 앱을 새로운 메이커스페이스에 통합하는 것은 메이커스페이스의 궁극적인 목표인 더 많은 메이커를 성장시키는 데 큰 도움이 된다.

메이커스페이스 이벤트, 워크숍 형태로 열리는 VR을 포함하는 프로그램들은 도서관의 메이커스페이스의 이점을 극대화할 수 있다. 도서관 메이커스페이스에서 이미 3D 프린팅, 3D 스캐닝 또는 3D 모델링 클래스를 제공할 경우, 이런 관련 수업에서 VR 구성 요소를 추가하면 VR 기술이 실제 목적으로 사용될 수 있는 방법을 제시해 줄 수도 있다. 새로운 기술이 도서관에서 선보일 때 기존 도서관 서비스와 어떤 관련성이 있는지에 대한 질문이 자주 제기된다. 이런 종류의 질문의 답을 살펴보면 사람들이 새로운 기술의 잠재력과 그것이 자신의 이익을 위해 사용될 수 있는 방법을 이해하는 데 도움이 될 수 있다.

예를 들어, 미술 학생과 강사는 벨기에–튀니지 사진 기자 카림 벤 켈리파*Karim Ben Khelifa*의 최근 VR 미술 전시회 〈The Enemy〉에 관심을 가질 만하다. 이 3,000제곱피트 규모의 전시회에서는 최대 15명의 박물관 방문객이 오큘러스 VR 헤드셋을 착용하고 돌아다니며 콩고와 르완다 간의 전쟁에 참전한 소년병과 부사관들로부터 이야기를 보고 듣는 것과 같은 경험을 할 수 있다. 이 가상 캐릭터는 VR 전시회에서 자신의 눈을 들여다보고 있는 박물관 방문객에게 직접 대화를 시도한다.[29]

일부 도서관 이용자들은 VR이 관련 교육에 어떻게 적용되는지 묻는다. 시장에 나와 있는 VR 시스템 중 하나인 Z스페이스*ZSpace*를 사용하여 VR 환경에서 수학, 지리 또는 물리학을 탐구하는 어린이는 좋은 예가 될 수 있다.[30] 마찬가지로 NIH(미국 국립보건원) 3D 프린터 거래소*3D Print Exchange*(https://3dprint.nih.gov/)는 3D 모델링과 3D 프린팅이 생명과학 연구 및 의료 시장에서 혁신을 주도하는 방법을 보여주는 좋은 사례이다.

VR과 같은 새로운 기술을 도서관에서 적용하는 방법을 고민하는 데 있어 도서관 이용자와 직원 모두의 참여가 중요하다. 그렇게 함으로써 그들의 관심과 새로운 기술 사이의 연결을 이끌어낼 수 있다. 또한 도서관이 미래의 프로그램과 파트너십을 위한 더 많은 대안을 발견할 수 있는 효과를 가져온다. 이러한 방법을 탐색한 후에는 결과를 편집하여 도서관에서 제공하는 VR 또는 기타 새로운 기술의 가치를 설명하는 일련의 좋은 사례를 제시할 수 있다.[31]

# 4장

# 놀이, 교육 그리고 연구: 도서관을 통한 가상현실 탐색

Play, Education, and Research:
Exploring Virtual Reality through Libraries

브랜든 패터슨*Brandon Patterson*, 탈리 카수치|*Tallie Casucci*,
토마스 페리엘*Thomas Ferriel*, 그렉 해치|*Greg Hatch*

대학 캠퍼스에서 VR의 요구와 관심이 확대됨에 따라 이 기술에
대한 접근을 늘려야 할 필요성도 커지고 있다. 대학도서관은 협
업과 연결을 위한 학제적 공간으로써 이 새로운 기술을 커뮤니티
와 공유하는 중요한 역할을 수행하고 있다. 게임을 통한 발견 가
능성, 학습 모델, 연구자들을 정보 자원에 연결하려는 노력들은
그동안 도서관이 놀이, 교육 그리고 연구라는 이 세 가지 영역에
서 성공을 이루기 위해 사용했던 모든 방법이다. 4장에서는 유타
대학*University of Utah*의 두 도서관이 VR을 사용하여 놀이, 교육 및 연구
라는 개념을 어떻게 탐구했는지, 그리고 이 기술의 향후 비전을
어떻게 그려 나가고 있는지를 나누고자 한다.

# 유타대학에서 VR의 시작

The Beginnings of Vritual Reality at the University of Utah

시뮬레이션 시스템에서의 차량 3D 렌더링에서부터 최신 컴퓨터 애니메이션 영화에서의 캐릭터까지, 이러한 비주얼*visuals*을 개발하는 데 사용된 기술의 대부분은 유타대학의 재능 있는 교수진들의 연구에서부터 시작되었다. 컴퓨터 그래픽 산업은 1970년대에 유타대학 컴퓨터학과 교수인 데이비드 에반스*David Evans*와 이반 서덜랜드*Ivan Sutherland*에 의해 시작되었다. 이 두 교수는 처음에는 미군이 사용한 최초의 VR 시뮬레이션 시스템의 일부를 개발했다. 1965년에 서덜랜드는 VR 기술을 완전한 몰입형 경험으로 정의하고 미래의 용도를 그려 나가기 시작했다.

물론 궁극적인 디스플레이는 컴퓨터가 물질의 존재를 제어할 수 있는 공간이 될 것이다. 그런 공간에서 의자는 앉을 수 있는 것처럼 보일 것이다. 그런 공간에서의 수갑은 채울 수 있을 것 같으며, 심지어 총알은 치명적일 것이다. 적절한 프로그래밍을 통한 디스플레이는 말 그대로 앨리스*Alice*가 걸어간 이상한 나라*Wonderland*가 될 수 있도록 만들어 준다.[1]

에반스와 서덜랜드 시대의 컴퓨터공학 졸업생들은 렌더링, 음영 처리, 애니메이션, 시각화 그리고 궁극적으로 가상현실 개발에 큰 공헌을 하였는데, 특히 존 워녹*John Warnock*, 에드 캣멀*Ed Catmull*, 헨리 고로*Henri Gouraud*, 부이 투엉 퐁*Bui Tuong Phong*, 프레드 파크*Fred Parke*, 짐 카지야*Jim Kajiya* 등의 졸업생들이 큰 기여를 하였다.[2] 이 초기 개척자들은 대부분 정부지원 자금을 통해 3D 래스터 그래픽 연구를 수행하였는데,[3] 유타대학 졸업생들이 넷스케이프*Netscape*, 어도브*Adobe* 그리고 픽사*Pixar*[4] 같은 회사를 창업하면서 세계 최고의 컴퓨터 그래픽 연구센터가 되었다. 이런 기술들은 시청자 또는 공연자와 시각화 사이의 상호작용이 가능하게 하는 광학적 추적*optical tracking*을 할 수 있는 3D 데이터용 디스플레이*display for 3D data*를 만들어 내는 데 도움이 되었다. 이를 통해 엘렌 브룸버그*Ellen Bromberg*의 스크린댄스 실험*screendance experiments*[5]과 Another Language Performing Arts Company의 실시간 분산형 초현실 영화*distributed, surrealistic cinema*[6]와 같은 예술 및 엔터테인먼트 분야에서도 VR 경험이 가능해졌다.

# 도서관에서의 VR 도입

*The Libraries Adoption of VR*

유타대학의 스펜서 S. 에클스 과학도서관*Spencer S. Eccles Health Sciences Library*, 이하 에클스와 J. 윌라드 메리어트 도서관*J. Willard Marriott Library*, 이하 메리어트 모두 VR에 큰 관심을 갖고 있다. 두 도서관 모두 캠퍼스를 둘러싼 새로운 연구와 교육활동뿐만 아니라 고급 및 저가 소비자 시장 기술*high-grade and low-cost consumer market technology*에도 영향을 받는다. 에클스와 메리어트는 서로 다른 캠퍼스 본부에 보고하고 별도의 예산으로 운영되고 있는데, 독립적인 사명과 전략계획을 가지고 있다. 그럼에도 불구하고 사서들은 서로 긴밀하게 협력하여 중앙집중식 도서관 목록*centralized library catalog*를 만들고, 연구 관련 데이터베이스 중에서 핵심 장서*core collection*에 대한 접근을 공유하고 있으며, 캠퍼스 간 문서전달과 고밀도 보존*high density storage*을 통해 물리적 자원도 공유하고 있다. 두 도서관 모두 신기술에 있어서는 초기 수용자(얼리어답터)였다. 기술 관련 자원들*Technology-rich resources*과 서비스를 개발하기 위해 관련 교수진과 직원들을 전략적으로 채용했으며 지역사회에 보다 나은 서비스를 제공하기 위해 관련 장비 구입에 계속적으로 투자해 왔다. 각 도서관은 콘솔과 휴대용 비디오 게임 시스템뿐만 아니라 AR, VR, MR의 스펙트럼을 모두 포괄할 수 있는 대화형 미디어도 보유하고 있다. 사용 가능한 소프트웨어에는 게임, 앱, 실험 시뮬레이션 및 학습 소프트웨어가 포함되어 있으며 대화형 미디어 하드웨어도 이용할 수 있다.

　에클스는 보건과학 분야에서 학문 임상 서비스를 모두 포괄하는 유타 보건과학대학*University of Utah Health*에서 서비스를 제공하고 있다. 이 도서관의 사명은 '역동적인 기술*dynamic technology*, 근거적용 *evidence application* 그리고 협력적인 파트너십을 통하여 교육, 연구 그리고 건강 관리를 발전시키고 변화시키는 것'이다. 이 임무를 달성하기 위해 두 명의 사서가 고용되었는데, 이들은 VR 상호작용과 같은 도구를 지원하는 인프라를 구축하기 위해 기술과 혁신적인 전략에 중점을 두고 있다. 에클스는 가치 있는 신흥 기술에 투자하기 위해 보건과학대학에 속한 5개 학과(치의학, 보건학, 의학, 간호학 그리고 약학)의 교수, 직원 그리고 학생들과 협력하고 있다.

　VR이 건강과학 커뮤니티, 특히 의료의 실제 시나리오를 시뮬레이션하기 위한 도구로 계속 주목받게 되자, 사서는 관련 주제에 대한 추가 지식을 얻기 위해 건강과학 커뮤니티 외부의 사람들과도 연락망을 형성하고 있다. VR의 잠재적 이점에 대한 우수한 통찰력은 EAE*Entertainment Arts & Engineering* 프로그램의 교수진과의 협력을 통해 얻을 수 있다. 가상 환경 분야의 전문가로서 EAE 교수진들은 보건과학 연구자들의 관심을 끌었던 공학자, 예술가 및 제작자*PD*로 구성된 학제 간 팀이 구성되어 있다. 이뿐 아니라, VR은 보건과학의 교육을 위한 기술에 중점을 두고 있는 학술 통합 작업 그룹*academic integration working group*의 주요 계획 중 하나이며, 관련 기술을 고찰하고 탐색해야 할 필요성이 더욱 장려되고 있다.

2017년 에클스는 중부내륙지역 의학도서관연합*National Network of Libraries of Medicine*에서 '기술 개선상*Technology Improvement Award*'을 수상하며 VR 장비에 대한 자금을 확보했다. 이 수상금으로 도서관은 오큘러스 리프트 헤드셋, 컨트롤러, 센서, 데스크톱 및 여러 상용 VR 게임기를 가지고 VR 공간을 만들 수 있었다. VR 공간은 도서관 장서를 새로운 방식으로 탐색할 수 있게 해주었다. 에클스와 신경안과*Neuro-Ophthalmology* 간의 파트너십을 통해 VR을 신경화하는 도구(수단)로 사용할 수 있게 되었다.[7] 신경해부학 프로젝트와 다른 프로젝트를 지원하기 위한 VR 장비 구입을 위한 향후 자금은 도서관의 학생 컴퓨팅 비용 기금 또는 대학 보조금 기금과 같은 내부 기금에서 나올 예정이다. VR 외에도 에클스는 건강과학 연구자와 교육자를 지원하기 위해 3D 프린팅/제작, 가상 해부학, 멀티미디어 프레젠테이션 장비 및 소프트웨어 구입에 투자했다.

메리어트는 캠퍼스 중심부에 있고 예술, 인문학, 사회 과학, 과학, 공학, 비즈니스 및 건축 분야 단과대학 학생들과 교수진에게 서비스를 제공한다. 도서관은 2008년에 대화형 미디어인 세컨드 라이프 *Second Life*를 실험하기 시작한 바 있다. 이전의 미디어 편집 장비와 와이드 포맷 프린팅의 성공을 경험한 도서관 이용자들은 2011년에 처음 구입했던 3D 모델링, 스캔과 같은 새로운 유형의 기술에 대해 지속적인 관심을 보여왔다. 이후 저렴한 3D 프린터 기술로의 변환(경향)은 도서관 일부 직원이 지지하는 프로젝트가 캠퍼스 전체가 지원하는 프로젝트로 전환될 수 있게 했다.

2016년 봄, 메리어트는 예술과 인문학 장서 개발 예산으로 할당된 기금을 사용하여 대화형 미디어를 구매하기 시작했다. 비디오 게임과 게임 시스템 *gaming system*은 "책과 동일하다"라는 전제와 도서관의 전략 방향 중 하나인 "캠퍼스의 요구를 충족시키기 위해 자원을 창의적으로 사용한다"와 일맥상통하여 미디어 구입이 가능하였다. EAE 연락 담당자는 이를 학생들에게 홍보하고 교수진에게는 해당 자원들을 교과과정에 통합하도록 권장했다. 물론 '이러한 미디어의 사용은 단순히 오락을 위한 것'으로 인식되어 일부 도서관 직원의 반발이 예상되었지만, 전 직원 회의에서 대학 사명과 메리어트의 사명이 상호 일치함을 설명함으로써 문제는 해결되었다. 처음 6개월 이내에 게임과 게임 시스템의 높은 대출률에 대한 기록 혹은 문서작업 *documentation*은 지속적인 추가 자금을 확보하는 데 많은 도움을 주었다.

이뿐 아니라 2016년 봄, 메리어트는 도서관에서 할당한 학생 컴퓨팅 요금 기금 *student computing fee funds*을 사용하여 마이크로소프트 홀로렌즈를 구입했다. 메리어트 도서관장은 초기 소비자용 VR

장비의 시연을 제공받았다. 그녀의 관심은 노스캐롤라이나주립대학교<sup>North Carolina State University</sup>로 출장을 가면서 더욱 커졌는데, 그곳에서 새롭고도 풍부한 기술 장비를 갖춘 헌트 도서관<sup>Hunt Library</sup>을 경험하면서였다.

2016년 여름, 그녀는 도서관의 EAE 연락 담당자를 초대하여 추가 장비들을 구매하고 싶은 목록을 작성했으며, 궁극적으로는 HTC 바이브 및 오큘러스 리프트 게임 시스템을 포함한 새로운 VR 장비와 VR 지원 노트북 컴퓨터 2대를 구입하는 데 거의 8,000 달러에 달하는 예산을 승인받았다. VR 장비의 성공적이고 영향력 있는 이용에 대한 문서화 작업으로 인해 기술에 대한 지속적인 자금 지원을 확보했다. 대화형 미디어 장비에 대한 초기 투자는 이 작업만을 전담하기 위해 채용된 메리어트 직원 조직을 통해 진행되었다. 이에 연구자와 학생들은 이 서비스 모델을 통해 새로운 자원과 전문지식을 가지고 기존 문제에 접근할 수 있었다.

비디오 게임과 게임 시스템은 메리어트의 Knowledge Commons 컴퓨터 랩 근처에 즉각적으로 배포되었는데, 이 장애물 없는 배포<sup>barrier-free deployment</sup>는 2017년 봄에는 3D 프린팅 장비로, 2017년 가을에는 VR 시스템으로 확장되어 나갔다. 이후 두 도서관에서는 5가지 서비스 모델을 발전시켜 나갔다.

- 개방형 연구실<sup>open lab</sup> 공간: 워크인 사용 가능
- 폐쇄형 연구실<sup>closed lab</sup> 공간: 데모<sup>(시연)</sup>, 테스트 및 새로운 장

비 출시 준비

- 유연한 연구실*flexible lab* 공간: 수업 또는 팀 사용을 위해 예약 가능(현재 계획 단계)

- 체크아웃(대출) 장비: 개인용

- VR 개발자 키트(랩톱과 VR 장비): 대출, 연구, 시연 그리고 도서관 외부 프레젠테이션을 위해 사용

# 놀이를 위한 VR

*VR as Play*

도서관은 공간과 커뮤니티 구성원들이 공간을 제공하거나 VR에 접근하고 사용할 수 있는 행사를 주관하는 위치에 있다. 호기심 많은 군중과 VR을 이용하는 사람들의 모습이 한 쌍의 짝을 이룰 때, 이것을 바라보는 사람들의 마음에는 발명과 가능성의 불꽃이 일어나게 되고 이것은 그다음 액션에 참여하게 하는 흥미를 유발한다. 메리어트와 에클스 두 도서관은 학생들의 일상 속에서 이미 기술과 상호작용하는 공간 역할을 수행해 왔기 때문에, VR 시스템을 접하고 사용하기 위한 설정은 기존 기술 서비스 워크 플로어와 자연스럽게 호환되었다. 2018년 6월부터 메리어트의 'Knowledge Commons'를 방문하는 학생들은 로그인하여 2개의 오큘러스 리프트와 HTC 바이브 시스템용 소프트웨어를 시작할 수 있었다. 학생들은 개인공간, 연구실 또는 작업공간에서 프레젠테이션, 개발과 연구를 위해 HTC 바이브, 오큘러스 리프트와 마이크로소프트의 홀로렌즈를 이용할 수 있었다. 진입 장벽을 낮춤으로써, 더 많은 학생과 교수진이 VR을 사용하게 되었으며, 학습환경을 바꿀 수 있는 방법에 관심을 갖게 되었다. 초기 대출 통계에 따르면 관련 장비에 대한 수요가 매우 증가했음을 확인할 수 있었다. 배포 첫 9개월 동안 VR 주변기기 및 장비는 560회 대출되었다. 워크숍과 주간의 시연과 같은 초기 아웃리치 활동은 영구적인 VR 개발 공간, 상담 서비스뿐 아니라 의학, 건축, 예술, 지리와 공학 간의 장기 학제 간 프로젝트로 발전했다. VR에 대한 가벼운 탐색으로 시작한 이 작업은 곧 다양한 분야에서 VR 기술을 채택하는 연구자를 지원하기 위한 진지한 노력으로 진화하게 되었다.

VR을 이용하는 이들이 점차 많아지면서 다양한 실험에 대한 요구가 있어 메리어트는 광범위한 소비자용 VR 하드웨어 구입을 선택했다. 이용자들은 사용 가능한 다양한 게임과 앱을 실행시키면서 주요 VR 플랫폼과 주변 장치를 테스트할 수 있다. VR에서 실제 물체를 찾기 위한 Vive Trackers와 정확한 모션 추적을 위한 컨트롤러인 PSVR과 같은 주변 장치는 사용이 간편하고 VR을 처음 접하는 사람들도 쉽게 사용할 수 있다. 메리어트 직원들은 다른 기술들을 이 서비스 모델에 통합하는 방법을 계속 조사하고 있는데 여기에는 VR용 배터리와 팩*pack*, VR 통합을 위한 모션 캡처 슈트*motion cpature suits*, 실시간 핸드 트랙킹을 위한 Leap Motion, 운전 시뮬레이션을 위한 운전대와 페달 등이 여기에 포함된다. 장비 사용을 시연하고, 이러한 장비를 대출해 줌으로써 다양한 커뮤니티에 보다 강력한 실험 능력을 제공할 수 있다.

　이미 2012년에 지적 재산과 상업화에 관련된 서비스를 유지하고 아이디어들을 자극하기 위해 도서관 자원들과 연결하는 것을 목표로 도서관혁신팀Libraries Innovation Team, 이하 LIT을 구성한 바 있다. LIT는 대학의 여러 혁신적인 프로그램에 전념하는 도서관 직원들로 구성되었다. 이 팀은 데이비드 에클스 경영대학과 연합하여 기업가적 학생 공동생활entrepreneurial student co-living 과 공동작업 공간co-working space을 위해 새롭게 지어진 랜섬 스튜디오Lassonde Studios을 방문하여, 실습 및 놀이 기반 세션을 주최하였다. 또한 VR 쇼케이스를 통해 관련 아이디어, 특허 검색 및 디자인에 대한 대화를 이끌었다. 학생들이 VR을 이용하는 동안, LIT는 도서관 자원과 서비스에 대해 논의하며 종종 학생은 사서와 상담하곤 하였다.

　LIT는 도서관이 VR 기술을 사용하는 게임대회를 주도할 수 있게 하였다.[8] 2014년에는 'Games4Health'라는 학생 게임 디자인 대회student game design competition가 유타대학에서 만들어졌다. 2017년에는 21개 주, 86개 대학, 14개국에서 총 160개 대학팀들이 이 대회를 후원하며 건강 관련 앱들을 만들었다. 이 대회는 피트니스, 임상 건강, 만성 질환 및 청소년 정신건강과 같은 여러 도전 과제에 집중하였다. 제출물에는 운동, 명상, 처방된 약물 준수뿐 아니라 여타 성공적인 행동 변화를 장려하는 게임이 포함되었다.

　대학 사서, 교수진 및 직원이 심사위원 역할을 하고 게임 아이디어, 소비자 요구 및 사업 계획을 기반으로 각 프로젝트를 평가하여 투표하였다. 이 대회에서의 VR 기술 사용 앱은 점차 늘어났는데 2016년부터 2017년까지 VR 관련 앱은 10% 증가하여 총제출물의 50%를 차지했다. 대회 기간 동안 VR 게임을 만드는 학생들의 수가 계속 증가함을 통해 건강과학 앱을 위한 VR에 대한 관심도 계속 증가하고 있음을 알 수 있었다. 이 대회는 놀이와 건강 사이의 강력한 연관성을 제시하고 에클스가 VR 공간에 대한 보조금을 확보할 수 있는 원동력을 제공했다.

# 교육을 위한 VR
*VR as Education*

대학 캠퍼스 전체가 VR을 이용하게 되면서 교육적 활용 가능성에 대한 요구와 관심이 지속적으로 확대되고 있다. 강의실과 공개 포럼에서의 시연을 통해 교수진은 이 기술을 교과과정에 통합시키는 방법을 모색하였다. 이들은 종종 소그룹으로 학생들을 도서관으로 보내고, 도서관에서는 VR을 탐색하고 수업 주제와 관련된 경험에 대해 글을 쓰도록 안내한다. 도서관에서는 이러한 요구를 더 잘 충족시키고 메리어트와 에클스 도서관에서 일어나는 다른 교육 경험을 보완하기 위해 학생 VR개발자를 고용했다. 학생 개발자는 캠퍼스의 교수진과 협력하여 해당 클래스에 특정한 게임 또는 응용프로그램을 개발하거나, 이미 존재하는 게임 또는 응용 프로그램을 적용해 보았으며 대출용으로 제공된 VR 개발자 키트를 통해 교수진과 학생은 프로젝트를 개발할 수 있었다.

학생들은 VR 환경을 조사하고 최신 콘텐츠를 살펴보고 자신만의 디자인을 가져왔다. VR을 수업에 적용·통합한 교수진의 사례는 다음과 같다.

- 건축학과 학생들은 부지 계획을 가져오고 VR에 매스를 만들고 가상 둘러보기*virtual walk-through*를 수행하여 '실제' 규모*true scale*로 디자인을 탐색한다.
- 구글 어스*Google Earth* 앱을 사용하는 지리학과 학생들은 VR을 활용하여 전 세계의 에너지 생산 현장을 탐색하고 다양한 유형의 에너지 생산 범위와 영향에 대한 통찰력을 얻는다.
- 치의학과 학생들은 맞춤형 VR 소프트웨어를 사용하여 충전재*fillings* 준비를 연습하고 환자 사례 연구를 탐색하며 도구 취급 기술*tool-handling techniques*을 연마한다.
- 순수예술*Fine arts*을 전공하는 학생들은 VR 조각 소프트웨어를 포함한 다양한 예술 매체를 탐구한다.
- 간호학과 학생들은 VR 간호 시뮬레이션 도구 키트를 사용하여 환자 사례별 시나리오를 연습하고 성과를 평가한다.

이러한 프로젝트의 대부분은 교수진과 도서관 직원 간의 비공식 회의에서 비롯되었다. 치과대학*The School of Dentistry*과의 프로젝트는 메리어트의 주간 오픈 하우스 프로그램에서 시작되었다. 2017년 2월, 간단한 VR 앱을 개발한 학생과 직원들을 포함한 LIT

의 구성원들은 치과대학 학장을 비롯한 여러 치의학 교수진에게 도서관의 VR 장비를 시연했다. 치과대학 학장은 학생 개발자들의 작업을 치과교육을 위한 비용 절감 방안*cost-saving solution*으로 평가하며, 그 가치를 인정하였다.

이 학생 개발자들은 치의학과 교수진들과 협력하여 VR의 이점을 얻을 수 있는 치과교육 훈련과정을 확인하는 워크플로어를 개발했다. 학생들과 교수진들의 피드백으로 보완하였으며 몇 달 후에 VR 소프트웨어는 치의학과 학생들을 위한 임상전 교과과정*predinical curriculum*과 임상 교과과정*clinical curriculum*에 통합되었다. 이제 VR 환경에서 3D 스캔 치아*3D-scanned teeth*에서 VR 깊이 게이지*VR depth gauge*와 추적 치과 드릴*tracked dental drill*을 사용하여 크라운과 와동*cavity*를 만들어 준비해 놓고 콘 빔 스캔 데이터*cone beam CT scan data*를 시각화할 수 있다. 수업을 진행하는 강사는 3D 스캔 치아 프렙*3D scanned teeth preparations*을 활용하여 확대된 비율*magnified scale*로 학생의 작업과 자신의 작업을 비교할 수도 있다. VR 소프트웨어는 학생들에게 정기적으로 워크플로어에 대한 실습 경험을 제공하고, 공통적이고 일상적인 절차에 대한 더 저렴한 비용과 더 높은 평가(효과)를 가능하게 하였다. 이러한 협력은 도서관 서비스, 학생, 교수진들에게 최상의 혁신 요소를 살펴볼 수 있게 할 뿐 아니라 이전에는 접근할 수 없었던 새로운 기술을 융합하게 하였다.

이뿐 아니라, 보건과학 단과대학은 새로운 기술들을 포함하도록 교육을 재정비하기 위한 태스크포스*TF*를 구성했다. 그룹 구성원에는 새로 개발된 치과 교육도구를 포함하여 몇몇 '개념 증명 교육용 VR$^{several\ proof\-of\-concept\ educational\ VR}$' 예시를 제공한 에클스 및 메리어트의 담당자가 포함되었다. 신흥 기술 작업그룹의 원대한 비전은 두 도서관 내에서 개발 허브를 만드는 것이다. 이러한 허브는 커리큘럼과 수업에 포함될 수 있는 VR 교육 경험을 지속적으로 창출하고 있다.

# 연구를 위한 VR

*VR as Research*

VR을 사용하여 연구를 진행한다는 것은 논리적으로 볼 때 교육적 이용뿐만 아니라 학술적 투입*scholarly input*을 끌어내는 다음 단계까지 해당한다. VR을 활용하는 유타 대학교의 주요한 연구그룹 중 하나는 'Therapeutic Games and Applications Laboratory(게임 및 응용 프로그램 연구소)', 즉 'The GApp Lab'이다. GApp Lab은 게임을 건강과학의 연구와 교육도구로 사용하기 위해 만들어졌다. 여기는 약 35명의 대학원생, 2명의 직원, 교수진과 수많은 파트너로 구성되어 있다. 학생들은 3명(아티스트, 엔지니어, 프로듀서)이 한 팀이 되어 작업하며 다양한 게임과 응용 프로그램 프로젝트를 진행한다. GApp Lab은 에클스에 위치한 의료혁신센터*Center for Medical Innovation*에 속해 있는데 사서는 추가 개발 자금을 확보하기 위한 보조금 제안서를 작성하여 신청하고, 관련 문헌검색을 수행하며 연구 설계 및 데이터 관리 계획에 대해 조언한다.[9] 여기서 한 사서는 엔터테인먼트 이외의 건강, 교육, 군사와 기타 게임을 탐구하는 장르인 '시리어스 게임' 과목을 3학점 대학원 EAE 과정으로 교수진과 협력하여 가르치기도 한다.

GApp Lab과 의료혁신센터의 디지털 의학*digital medicine* 책임자인 로저 알타이저*Roger Altizer*는 GApp Lab이 도서관에 속해 있다고 믿는 이유를 다음과 같이 설명한다.

> 보건과학, 비즈니스, 공학, 예술 분야의 사람들과 지역 사회의 전문가들은 도서관이야말로 새로운 지식을 함께 찾고 창조할 수 있는 공간이라고 생각한다. 도서관은 항상 지식이라는 것이 거주하는 곳이었고 이제는 학제 간 팀이 혁신적인 기술을 발전시키는 곳이 되었다. 도서관은 훌륭한 호스트 그 이상으로 의료계의 미래에 큰 영향을 미칠 정도로 흥미진진한 작업을 촉진하고 있다. 디지털 의학의 다음 물결은 이미 여기 도서관에서 시작되었다.[10]

The GApp Lab에서 개발한 최근 VR 프로젝트에는 가상의료기록*virtual medical records*과 ChoreograFish(코로그라피시)가 있다.

가상의료기록(https://youtu.be/nTB_Fg4vmc4)은 전자의료기록*electronic medical record*에서 VR을 통해 당뇨병 환자를 위한 시뮬레이션을 수행한다. 환자는 보다 매력적인 시각적 방식으로 이용할 수 있다. ChoreograFish(https://youtu.be/sshcJOxVZQQ)는 자폐 아동이 이용할 수 있도록 만든 수중 VR 게임이다. 이 프로젝트에서 어린이들의 음악과 3D 물고기 움직임 결합에 대한 공간 인지를 조사한다. 사서는 이 두 VR 프로젝트 모두에서 추가 개발 자금을 확보하기 위해 문헌검색, 연구 디자인 개발과 데이터 관리를 수행하기 위한 보조금 제안서 작성을 진행했다. GApp Lab과 에클스는 추가 연구 보조금 제안을 통해 현재와 미래의 연구를 위한 자금을 지원할 계획이다.

# 미래 성공을 위한 지원
*Enabling Future Success*

VR과 대학도서관의 미래를 생각해 볼 때 VR을 끊임없이 진화하고 발전하는 시스템의 최신 영역으로 인식하는 것이 중요하다. 도서관 공간에 컴퓨터 랩을 특수한 장비로 여겨지면서 공간 개념에 대한 변화가 생기기 시작했다. 도서관 직원의 전문지식은 최신 기술을 실험하고자 하는 학생과 교수진을 지원하기 위해 일반적인 참고 봉사 수준을 넘어 계속 확장되고 있다. 단행본과 학술 저널의 이용은 감소하는 반면, 미디어 장비와 컴퓨터 그리고 이제는 VR 헤드셋의 이용과 대여는 증가하고 있다.

학생과 연구 커뮤니티를 위한 기술 자원을 지원하려는 도서관의 의지는 도서관을 '복잡한 문제를 해결하기 위한 새로운 접근방식을 제공하는 정보 교환소*clearing house*'로 설정하고 있다. 공유자원*shared resource*으로써 도서관은 서로 다른 전공 분야들이 대화에 참여하고 프로젝트에서 공동으로 작업할 수 있는 기준점 혹은 구심점 역할을 수행한다.

새로운 기술에 투자하기 위해서는 여러 조직들로부터의 지원이 필요하다. 가장 상단에 위치한 대학 당국과 도서관 행정부는 새로운 프로그래밍의 성장을 장려하고 재정 지원을 통해 기술의 활용을 확장할 수 있는 구조적 지원을 제공해야 한다. 중간 수준에 있는 관리자와 사서는 캠퍼스 내에 있는 사람들과 성공적인 관계를 구축하기 위해 기존의 자원을 할당하고, 직원 생산성이 기관 사명과 일치할 수 있도록 노력해야 한다. 가장 하부조직, 현장에 있는 전문적인 시간제 도서관 직원들에게는 대학 교수진과 학생 그리고 더 넓게는 지역사회에 관련 기술을 구축하여 실험하고, 나아가 그 기술을 제시할 수 있는 권한이 주어져야 한다.

자원에 대한 접근성, 직원 개발, 이용자 교육, 공간의 용도 변경, 이용자들이 명시하였거나 예상하는 요구사항을 충족하는 서비스를 식별하기 위해서는 추가적인 고려가 필요하다. 많은 도서관 서비스와 마찬가지로 이러한 활동에는 도서관 내부와 캠퍼스와 지역 사회 전체의 의견이 필요하다. 결국, 성공은 많은 개인의 참여와 창조적 에너지에 달려 있다. VR과 미래 기술 발전을 활용하는 프로젝트는 이런 공동의 노력을 통해 발전할 수 있을 것이다.

유타 대학 VR 협업의 성공적인 개발을 통해 미래의 가능성을 가늠해 보는 것은 매우 흥미로운 일이다. 에클스와 메리어트 그리고 캠퍼스 전체 이해관계자들과의 상호 연결성은 팀이 하나로

뭉쳐서 앞으로 나갈 수 있는 추진력을 확립할 수 있었음을 보여준다. 이런 지속적인 협업을 통해, VR은 관계를 더욱 강화시키고 학습방법을 개선하며 새로운 지식을 창출할 수 있는 무한한 잠재력이 있다고 본다.

# 감사의 말
*Acknowledgments*

이 장의 내용을 기술하기 위해 통찰력과 전문 지식을 공유해준 동료들에게 감사를 표한다. 또한 학습 환경을 향상시킬 수 있는 이 새로운 기술을 탐색하고, 서로에게 영감을 주고, 공유하고, 협력을 주도하는 모든 이에게 감사를 표한다.

# 대학생을 위한
# 대안적 학술 세계

Every Student Her Universe

Alternate Academic Realities

R. 브루스 젠센*R. Bruce Jensen*

랑가나단*S. R. Ranganathan*이 도서관에 대해 생각한 많은 것들은 지속적이고도 정확했다. 그가 쓴 책들 하나하나가 우리들에게 흥미를 주다 보니 도서관에서는 그 책들을 쉽게 찾을 수 있도록 하고, 도서관 이용자들이 모두 읽을 수 있도록 최소한 한두 권의 책은 갖출 필요가 있다.

이것이 공리주의적 접근이다. 논쟁의 여지는 없다. 위대한 인도 마드라스 출신 사서였던 랑가나단이 알고 있었던 책은 물리적인 매체이다. 책은 현재 다양한 형태로 존재하지만, 책의 물리적 형태를 떠나 그의 '도서관 5법칙'에 대해 이의를 제기하는 것은 중력의 법칙에 대해 논쟁하는 것만큼이나 말도 안 되는 일이다. 뉴턴의 사과나 애플의 iPhone X도 중력의 법칙이 동일하게 적용되는 것처럼 말이다.

랑가나단이 그토록 관대하게 서비스하고 글까지 썼던 이 '자라나는 유기체'인 도서관은 1930년대 초에 도서관법을 제정한 사람들의 상상을 뛰어넘는 방식으로 계속해서 성장해 왔다. 때때로 도서관의 이 급속한 성장 속에서 우리를 당혹하게 만드는 논쟁은 어떤 유형의 매체가 도서관 장서에 속하는지에 관한 것이다. 영화? LP? 듣도 보도 못한 것들! VHS 테이프? 인터넷? 전자책 *e-book*? 스트리밍 비디오*streaming video*? 상상도 못할 것들! 이것이 바로 도서관이다!

100년 전 도서관 건축자들은 저명한 작가들의 이름을 화강암에 새겨 넣는 작업에 많은 수고와 비용을 지불할 만큼 가치가 있는 일이라고 판단했다. 존 밀튼*John Milton*과 알프레드 테니슨*Alfred Tennyson* 같은 작가의 이름은 석조 구조물의 수명이 다하기 전까지 이 건축물을 구경하는 사람들에게 읽을거리를 제공한다는 것을 의미하는 일로 간주했다. 그 당시로서는 매우 합리적인 생각이었다. 2018년 펜실베니아공립대학 캠퍼스 내 옛 도서관 건물은 여전히 돌로 조각된 난해한 문자열을 자랑한다. 하지만 요즘 학생들은 도서관에 대한 개념이 좀 다른 것 같다. '책이 있는 장소'로서의 이미지의 흔적은 그저 감상적인 생각일 뿐이다. 우리가 생각하는 도서관에는 튜터링과 글쓰기 센터, 컴퓨터실, 카페, 자판기, 대형 스크린, 메이커스페이스 작업실, 심지어 마사지 및 애완동물 치료실이 있다. 이런 걸 보면 이용자를 도서관에 자석처럼 끌어들일 수 있는 요소는 이용율이 계속 감소하고 있는 책이 아닌 다른 요소임에 틀림없다.

금세기에 이르러 뉴미디어 플랫폼에 대한 트렌드는 한때 이용자들의 문화적 소비 습관을 바꾸어 놓았다. 미국의 원자화된 대학생들(개인주의를 지향하는 대학생들)은 대학을 입학한 첫해 '공통 읽기common read'[1] 과정에 참여하게 된다. 한 권의 책에 깊이 몰두하는 것은 교수가 독서, 몰아보기binge-watching, 웹 브라우징, 음악과 팟캐스트를 청취하고 비디오 게임(아마도 가장 중요한 영역) 취향을 가진 학생들과 연결하는 데 도움이 될 수 있는 일련의 커뮤니케이션을 구축하는 것을 목표로 한다.

그런데 학생들의 취향은 교수들의 취향과 완전히 다를 수 있다. 신입생들은 매년 새로운 현실의 파노라마를 가져오고, 이와 함께 도서관에 대한 다른 개념들을 발전시켜 왔다. 이뿐 아니라, 도서관 자체도 현실과 복잡하고 미묘한 관계를 가지고 있다. 도서관은 검증된 데이터와 확실한 사실들이 모여 있는 견고한 저장소stolid repositories일까? 물론 그렇다. 하지만 그것 외에도 많은 것이 있다. 엄격하게 선별된 특별 컬렉션뿐만 아니라 환상적인 추측fantastical speculation, 진부한 선전stale propaganda, 실생활인 것 같지만 공상적인 이야기fanciful stories도 포함된다. 대부분의 대학 도서관은 일반적으로 공공도서관처럼 '로맨스물에 대한 요구가 많지는 않지만, 그럼에도 불구하고 많은 대안적 세계를 품고 있다. 우리가 일하고 있는 대학 도서관은 어떠한가? 존재한 적이 없는 미친 덴마크 왕자의 광란, 오래전에 죽은 그리스 정치 이론가의 유토피아에 대한 꿈, 뱀파이어에 대한 뻔한 이야기들을 자랑스럽게 진열하고 있다.

　도서관이 무엇이고, 도서관답다든지 혹은 도서관 같은 모습에 대해 학부생들과 대화를 나누다 보면 도서관에 포함되는 것들에 대해 매년 놀라움을 금치 못한다. 2022년 졸업생(현재 신입생)의 인식 세계에서 바라본 도서관에 대한 개념과 이해는 내 머릿속에 있는 도서관과 크게 다를 수 있다. 그것은 또한 그래야만 한다. 도서관 건물에 대한 그들이 생각은 내가 생각하는 도서관과 다를 수 있지만, 여전히 그것은 다른 버전의 도서관이며 실제로 존재한다.

　그렇다면 가상현실은 어떠할까? 이를테면 VR 게임은 위엄 있고 존경받는 우리 대학도서관에 들어올 만한 가치가 있을까?

# 기관 개요
*Instiutional Overview*

커츠타운대학*Kutztown University, 이하 KU*은 펜실베니아주립대학*Penn State University* 시스템의 일부가 아닌 14개 캠퍼스로 구성된 펜실베이니아주립대학 고등교육 시스템*Pennsylvania State System of Higher Education, PASSHE*의 회원이다. KU의 캠퍼스 중 하나인 PA커츠타운*PA Kutztown*은 농지로 둘러싸여 있지만, 주에서 가장 인구가 많은 5개 도시 중 두 곳인 알렌타운*Allentown*과 리딩*Reading*은 어느 방향으로든 차로 30분 거리에 위치한다. KU는 필라델피아에서 90분, 뉴욕에서 2시간 거리에 위치해 있다. 커츠타운 자치구의 연중 상시 거주자 5,000명은 가을과 봄학기 동안 눈에 띄게 증가한다. 이 대학의 학생들은 최근 몇 년 동안 거의 8,500명으로 안정화되어 왔다. 1866년에 설립된 이 학교는 교육, 예술 및 과학, 경영, 시각 및 공연 예술대학에서 오랫동안 석사학위*MA, MS*를 수여해 왔다. 2015년에는 PASSHE의 다른 대학과 공동으로 첫 공동 박사 과정을 개설했으며 2017

년에는 자체 교육학 박사과정<sup>EdD</sup> 프로그램을 도입했다.

원래 펜실베이니아주의 일반학교<sup>the state's normal school</sup>인 KU는 K-12 사서(초중고등학교 사서 교사)를 위한 유명한 교육 프로그램을 포함하고 있어, 이 교육 프로그램으로 지역사회에 잘 알려져 있다. 2016년 가을, 대학의 합격률이 80%라는 것과 고등학교 평균 성적<sup>GPA</sup>이 3.16이라는 사실 때문에 소수의 학위 트랙(특히 시각 예술 분야)이 엄격한 입학 요건을 갖추고 있음을 우리는 잊고 있었다. KU는 상대적으로 낮은 등록금으로 필라델피아주와 뉴저지주에 거주하는 많은 학생을 끌어들이고 있는, 탄탄한 노동계급 공립대학<sup>working-class public university</sup>으로 지역사회에서 인식되고 있는 곳이다.

캠퍼스 도서관은 12만 2,670제곱피트의 3층 건물이다. 가상현실 시설은 스팀웍스<sup>STEAMworks</sup>라는 도서관의 메이커스페이스를 보유하고 있는 사무실 메인플로어 아래층에 있다. 이곳은 건물의 유일한 출입구로 사람들이 다니는 곳에서 다소 떨어진 곳에 위치해 있다. 이 학교는 공학 학위를 수여하지는 않지만 STEM(과학, 기술, 공학, 수학) 프로그램, 특히 예술 분야에서 뛰어난 프로그램을 자랑하는 학교이다. 현재 메이커스페이스가 있는 1,500제곱피트의 공간은 이 전에는 오래된 장비를 보관하는 창고였으며, 다른 한편으로 이 공간의 대부분은 캠퍼스 기술교육 운영을 위한 작업공간으로 사용된 바 있다. 상황이 이렇다 보니 최근에 임명된 도서관 관장이 수행해야 할 우선순위 중 하나는 메이커스페이스 구축을 위한 장소로 자연스럽게 선정되었다.

심지어 초기 메이커스페이스에는 원래 상태 그대로의 작업대가 남아 있었고, 렌치와 페인트 붓부터 캠코더와 납땜 장비에 이르기까지 관련 장비와 일련의 선반도 있었다. 게다가 도서관장이 컴퓨터과학 분야 경력을 갖고 있다 보니 최첨단 VR 헤드셋과 이를 실행할 강력한 게임용 PC의 구매나 도서관의 운영 예산과 같은 요청들에 대해 비정상적이다 싶을 정도로 전폭적으로 지원하게 되었다.[2]

# 기술 설명
*Description of Technology*

우리의 주력 VR 장비는 HTC 바이브다. 2016년 8월에 설치되었을 때 PASSHE에서 공개적으로 사용 가능한 유일한 VR 장비였다. 당시 HTC 바이브는 소비자 시장의 유일한 룸스케일 VR 시스템이었다. 이 실내 규모라는 용어는 설명을 필요로 한다.

룸스케일 VR 기술은 물리적 공간에서 이용자의 실제 위치를 추적하여 정확하게 이용자들의 포지션을 등록하기 때문에, 움직임에 따라 반응할 수 있다. 박물관을 가정해 보자. 고글*Goggles*을 쓰고 몇 걸음 떨어진 방 벽면에 걸려 있는 액자 그림을 가상현실에서 보여주는 것을 상상해 보라. 컨트롤러를 이용하여 그림을 더 가깝게 인식할 수 있고, 가상 벽 근처에 있을 때는 컨트롤러를 든 실제 손을 사용하여 손을 뻗으면 그림 옆에 있는 브로셔*VR brochure*를 집을 수 있다. 머리를 왼쪽으로 몇 도만 돌리면 인접한 그림에 초점이 맞춰진다. 그 옆에 몸을 기댈 수도 있고, 옆에 있던 조각품을 보기 위해서 몸을 180도 돌려 가상현실로의 여행을 시작할 수 있다.

바이브 하드웨어는 헤드셋, 한 쌍의 컨트롤러, 두 개의 검은색 베이스 스테이션<sup>base station</sup>으로 구성된다. 베이스 스테이션은 적외선 펄스<sup>infrared pulses</sup>를 방출한다. 바이브 헤드셋과 휴대용 컨트롤러는 베이스 스테이션의 빛을 감지하여 CPU가 이용자의 머리와 손의 위치와 방향을 실시간으로 계산할 수 있도록 한다.[3]

밀폐된 헤드셋 내부의 두 개의 렌즈는 착용자의 유일한 시각 정보의 소스가 된다. 헤드셋 외부<sup>exterior</sup>의 전방 카메라<sup>forward-facing camera</sup>를 통해 이용자는 선택적으로 주변 사물과 사람의 윤곽을 상황에 따라 볼 수 있다. 이 기능은 플레이어가 플레이 영역<sup>play area</sup>의 경계를 넘을 때 활성화된다. 시스템 설정에 따라 플레이어는 먼저 레이저와 같은 광선으로 정의된 가상 '케이지<sup>cage</sup>'를 볼 수 있으며, 그 너머로 주변의 가장자리와 윤곽이 또렷이 보인다. 이어폰잭과 온보드<sup>onboard</sup> 마이크가 장착된 헤드셋은 두 개의 긴 HDMI와 USB 케이블로 CPU에 연결된다. 플레이어의 시야는 일반적으로 2D이지만, 모니터나 대형 화면에 미러링된다.

휴대용 컨트롤러에는 대형 4방향 트랙패드 버튼<sup>large four-way trackpad button</sup>, 2개의 측면 그립 버튼<sup>two side grip buttons</sup> 그리고 트리거<sup>trigger</sup>가 장착되어 있다. 두 개의 베이스 스테이션에서 빛을 수신한다는 점을 제외한다면 컨트롤러는 공항 활주로 근처에서 흔드는 바통<sup>batons</sup>을 연상시킬 수 있다. 컨트롤러는 손과 같은 도구이다. 게임 디자인에 따라 플레이어는 VR 개체를 잡거나, 두드리거나, 던지기 위해 둘 중 하나 또는 둘 다를 사용할 수 있다. 많은 상황에서 메뉴 선택을 하거나 레이저를 쏘거나, 사용자를 '텔레포트<sup>teleport</sup>'할 수도 있다. 앞서 박물관 예시에서처럼, 컨트롤러로 방의 다른 쪽을 가리키면 이동 시간을 절약할 수 있다.

이 HTC 하드웨어는 유지 관리하기 간단하고 안정적으로도 문제가 없다. 초기 불량이 있었던 콘트롤러는 바로 교환되었다. 2016년 우리는 시스템 비용으로 800달러를 지불했다. 베이스 스테이션 2개, 컨트롤러 2개, 헤드셋 1개, 일부 케이블 및 접속 배선함(2018년 초 가격은 500달러로 떨어졌다)이다. VR 셋업<sup>VR setup</sup>에 있어 더 비싼 부분은 NVIDIA(엔비디아) GTX 970 그래픽 카드가 장착된 Dell(델) XPS 8900 Special Edition(예: VR-ready)인데, 아마도 바이브 VR을 실행할 수 있는 가장 저렴한 기성품 컴퓨터였던 것으로 추정된다. 주요 온라인 포럼 리뷰에서는 목적에 비해 성능이 저하될 수 있다고 제안했지만, 우리에게 대기시간에는 문제가 없었고 게임 인식에도 문제가 없었다. 대부분의 도서관에서 게임용 PC는 일상적인 구매물품이 아니다. 어떤 하드웨어를 구입할지를 고려할 때 도서관 직원과 기술 지원 상점<sup>tech support shop</sup>(여러 종류가 있다)과 이용자 커뮤니티의 열렬한 게이머와 상의하는 것이 좋다. 전문가들의 열정으로 인해 어떤 의견을 신뢰할지 고민되겠지만, 이들의 전문성은 매우 소중하다.[4]

# HTC 바이브를 선택한 이유

*Why We Selected the HTC Vive*

우리 도서관의 메이커스페이스는 처음부터 정체성과 씨름했다. 프로젝트 초기 비용은 무제한이었다. 혹자는 이를 실험실, 다른 이들은 '신흥 기술'의 클리어링하우스*clearinghouse*로 여겼다. 스팀웍스*STEAMworks*는 바이브가 출시되기 반년 전인 2016년 2월에 오픈했다. 임시 비디오 제작 공간, 일부 저가형 3D 프린터, 비닐 절단기, 단추 기계 외에 우리는 뉴욕에서 열린 월드 메이커 페어*World Maker Faire* 폐막 시간에 우리에게 제공된 기초적인 VR 장치인 구글 카드보드를 가지고 있었다. 구글 카드보드는 스마트폰의 가속도계*phone's accelerometer*, 자력계 및 자이로스코프*gyroscope*에 의존하여 이용자의 머리의 움직임에 대화식으로 반응하는 앱이 있는 스마트폰을 삽입할 필요가 있다.

이 단순한 고글은 단순하면서도 인기를 얻을 수밖에 없음을 시사하기에 충분한 관심을 끌었다. 이용 중인 구글 카드보드를 관찰한 결과, VR 플레이에 흥미로운 측면이 드러났다. 참가자는 깊이 몰입하는 반면 재미의 절반은 카드보드를 쓴 동료의 행동을 보고 웃으면서 소셜미디어에서 이를 가차없이 공유하는 구경꾼으로 돌아갔다. 우리는 VR 경험이 플레이어와 흥미진진한 청중 사이에서 상호작용이 촉진되는 것을 보았다.

나는 최근 무역학교에서 운영하는 인상적인 훈련 시뮬레이션을 경험했다. 가상공간에서는 용접 마스크지만 실제로는 VR 헤드셋을 착용하고 건설 중인 다리 위 높은 강철 대들보에 걸터앉아 있는 나 자신을 발견했다. 작업을 마친 후에 소프트웨어가 내 작업의 품질을 평가하여 점수를 확인할 수 있었는데 이것은 학습의 미래 모습처럼 보였다.

당시 바이브를 선택하기 전에 고민했는데 오큘러스는 미디어 대부분의 주목을 받고 있었지만(이 획기적인 브랜드는 여전히 시장에서 인기가 있기는 하지만), 여전히 고정된 경험이라는 한계가 있었다. 반면 HTC의 실내 규모 시스템은 VR을 롤러코스터에 장착한 경험을 훨씬 뛰어넘었다. 바이브를 선호하는 또 다른 이유는 게임 시장인 스팀$^{Steam}$의 모회사인 밸브$^{Valve}$에서 개발하여 바이브 플랫폼에 대한 풍부한 호환 게임과 경험을 제공한다는 것이었다.

메이커스페이스 관점에서 VR의 도서관 도입에 대한 전망은 어떨까? 과연 적합한 것일까? 우리는 'Making$^{(창작물 제작)}$'에 적합한 VR 앱에 대해 적극적으로 고려하였고 지금도 여전히 고려하고 있지만, 이러한 질문에 대해 솔직히 대답하기 앞서 우리가 더 많은 도서관 이용자를 원한다는 점을 얘기하고 싶다. 그렇기 때문에 Dell PC 및 바이브 하드웨어 비용이 메이커스페이스의 전체 연간 공급 예산을 훨씬 초과했다. 그럼에도 도서관장은 이런 예외적인 요청을 흔쾌히 받아들였다.

## 설치와 통합 Installation and Integration

몇 대의 기계와 넓은 바닥 공간만으로도 급성장해 버린 메이커스페이스는 행복한 사건이었다. 스팀웍스는 KU의 첫 VR 진출을 위한 완벽한 장소가 되었는데 초창기 1년 동안은 바이브를 이용할 수 있는 입구에서 매우 가까운 곳에 배치되었다. 그래서 컴퓨터랩과 인접한 곳을 이용하는 이용자나 행인들은 VR을 경험하는 플레이어를 분명히 보고 들을 수 있었다. 게다가 바이브가 방 입구 가까이 있었기에 항상 열려 있는 문을 통해 웃음소리를 듣고 방문객들의 갑작스러운 즉석 방문도 일어났다.

이후 재배치되었지만, 공간의 재구성은 끊임없이 이루어지는 일이다. 바이브 설치 후 첫해가 지나갈 무렵, 우리는 문 근처에 리셉션 데스크를 만들기 위해 VR 공간을 방 뒤쪽으로 옮겼다. 이 과정에서 장비로 인한 사고, 이를테면 기기가 넘어지는 위험을 줄이기 위한 조치를 취했다. 1세대 바이브 헤드셋은 일반적으로 약 15피트 길이의 한 쌍의 케이블을 물리적으로 CPU에 연결해야 했다. 이로 인해 실제로 방의 일부가 플레이어의 위치에 따라 케이블 선들로 인해 이용의 불편함이 생겼고 이를 해결할 관리자가 필요했다.

케이블이 위에서 바이브 고글까지 깔끔하게 정리되게 하려면 케이블 선을 벽과 천장 구멍을 통해 연결해야 하는데, 그러려면 그 길이가 두 배로 늘어나게 된다. 그 과정에서 다소 시행착오를 겪었다. 이를테면 케이블 길이나 품질로 인해 지연이 생겼다. 지연*latency*은 케이블 선을 잘못 선택하여 발생할 수 있는데, HTC의 경우 승인된 확장키트*sanctioned extension kits*를 제공하지도 않는다.[5] 그러다 보니 마땅한 케이블을 찾기 쉽지 않았던 것이다. 그러나 결국은 두 번째 그리고 세 번째로 긴 케이블이 지체없이 작동했을 때 우리는 참으로 운이 좋았다고 생각했다.

구입한 게임이나 프로그램은 무료 또는 저렴한 비용으로 구비하였다. 우리는 몇몇 예외적인 경우를 제외하고는 30달러 이상을 지불하지 않았다.

## 어떤 영향이 있는가?*What the Impact is?*

VR은 대학생 외에 다른 방문객들도 도서관으로 끌어들였다. 확실히 도서관은 캠퍼스를 방문하는 어린이와 교직원에게도 인기 있는 명소가 되었다. 학생들의 부모에게는 이 기술을 받아들이는 속도가 더디긴 했지만, 예외적인 부분은 항상 있는 법이다.

스팀 VR$^{SteamVR}$ 스토어를 브라우징하다 보면 때때로 교육적 요소가 있는 응용 프로그램들이 발견된다. 하나를 찾으면 이와 관련된 주제 분야의 교수진에게 연락을 한다. 예를 들어 스팀 VR 스토어에서 무료로 제공되는 'Eye of the Owl$^{(올빼미의 눈)}$'은 16세기의 유명한 화가인 히에로니무스 보스$^{Hieronymus Bosch}$의 소름 끼치는 가상 스튜디오로 이용자를 안내한다. 그의 초현실적인 3부작 'The Garden of Earthly Delights$^{(세속적인 쾌락의 동산)}$'는 KU의 미술사 조사 수업$^{KU's Art History survey course}$의 핵심이 되었다. 우리는 베테랑 미술 교수를 초대하여 이를 시도했다. 그 교수는 완전히 매혹되어 다음과 같이 외쳤다. "나는 실제로 이 그림을 직접 본 사람이고, 몇 년 동안 이 그림에 대해 가르쳐 왔지만, 지금은 이전에 전혀 인지하지 못했던 부분들을 보고 있습니다!"

이와 마찬가지로 학생들의 학습경험에 VR을 도입하는 데 관심을 두고 있는 중세 역사, 물리 인류학$^{Physical Anthropology}$, 공예, 지질학, 상업 예술 및 생물학을 포함한 분야의 교수진들도 VR에 대해 질문하고, 잠정적인 관심을 표명했다. 일부 교수들은 이에 매혹되어 고글을 직접 착용하고 이용해 보기도 했다.

실제로 무료이거나 거의 무료였던 여러 스팀 앱, 이를테면 'The VR Museum of Fine Art$^{(VR 미술관)}$'나 'The Night Café$^{(나이트 카페)}$'는 이용자를 실제보다 더 나은 방식으로, 잘 알려진 예술작품과의 눈부신 만남으로 안내하였다. 우리 대학 미술사 교수는 마드리드의 프라도 미술관을 방문했을 때 보스[6]의 그림을 보기 위해서는 일정 거리를 유지해야 했지만, 여기 VR은 확실히 사실적인 클로즈업 관찰이 쉽게 이루어진다고 말했다. 우리가 바라던 대로 그 교수는 미술사 과정을 수강한 학생들에게 'Eye of the Owl'에 대해 공개적으로 열광하는 모습을 보였고 이로 인해 많은 학생이 사용하게 되었다.

〈표 5.1〉은 앱을 이용한 누적시간을 보여준다(스팀이 고객 세분화 데이터를 수집하는 것은 놀라운 일이 아니다).

직업 시뮬레이터*job simulator*는 로봇이 운영하는 만화 같은 세계이다. 자동차의 '헤드라이트 유체*headlight fluid*'를 보충하기 위한 초보 자동차 정비사의 코칭이 이곳에서 이루어진다는 이야기를 직업 카운슬러가 들으면 기절할지도 모르겠다. 마찬가지로, The Lab은 과학적 실험뿐만 아니라 정말 다양한 일을 해볼 수 있다. 구글 어스 VR*Google Earth VR*의 몰입감은 놀랍도록 설득력 있는 현실감으로 향수병을 앓고 있는 사람들을 도와줄 수 있을지도 모른다. 유학생이 친구를 자신의 고향인 투르크메니스탄으로 안내하고 그의 집 지붕 위로 날아가는 것을 보는 것은 실로 놀라운 일이다. 객관적으로 볼 때 근처 뉴저지에서 온 아이들이 초등학교와 운동장을 가리키면서 자신들이 잘 알고 있는 지형을 새로운 시각으로 접근하는 것도 놀라운 경험이다. 어떤 이용자는 KU의 300에이커 규모 캠퍼스의 위치를 핀으로 고정한 다음, 인근 호크산 보호구역*Hawk Mountain Sanctuary*, 로데일 연구소*Rodale Institute* 그리고 애팔래치안 트레일<sup>Appalachian Trail</sup> 같은 주변 환경을 자세히 살펴볼 수 있었다. 커츠타 운의 인근 풍경은 콩밭과 지루한 옥수수밭으로 보일 수도 있긴 하다. 많은 사람, 아마 대부분의 사람은 이 얕은 인식을 넘어서지

<표 5.1> KU 도서관 스팀웍스의 상위 25개 게임/경험 누적시간

| RANK, TITLE, STEAM APP ID NUMBER | PLAY TIME | RANK, TITLE, STEAM APP ID NUMBER | PLAY TIME |
|---|---|---|---|
| | Hours | | Hours |
| 1. Tilt Brush: 327140 | 78.2 | 14. Rick and Morty, Virtual Rick-ality:469610 | 8.9 |
| 2. Job Simulator: 448280 | 72.7 | 15. Fantastic Contraption: 386690 | 7.1 |
| 3. Universe Sandbox: 230290 | 56.2 | 16. theBlu: 451520 | 6.8 |
| 4. The Lab: 450390 | 39.1 | 17. Surgeon Simulator VR, Meet The Medic: 457420 | 6.8 |
| 5. Google Earth VR: 348250 | 22.1 | 18. NVIDIA VR Funhouse: 468700 | 6.5 |
| 6. Rec Room: 471710 | 18.3 | 19. Poly Runner VR: 462910 | 6.1 |
| 7. Accounting: 518580 | 18.3 | 20. Catlateral Damage: 329860 | 5.0 |
| 8. Waltz of the Wizard: 436820 | 15.3 | 21. The Body VR, Journey Inside a Cell: 451980 | 5.0 |
| 9. Eye of the Owl: 420020 | 12.0 | 22. Trials on Tatooine: 381940 | 4.9 |
| 10. The VR Museum of Fine Art: 515020 | 12.0 | 23. InCell VR: 396030 | 4.7 |
| 11. Keep Talking and Nobody Explodes: 341800 | 11.9 | 24. Wake Up: 499540 | 4.5 |
| 12. Spell Fighter VR: 455440 | 11.0 | 25. 3D Organon VR Anatomy: 548010 | 4.3 |
| 13. Break Time!: 578470 | 10.4 | | |

Note: 총 181명의 이용자(147명의 KU 학생, 10명의 직원과 교수 그 외 등록되지 않은 9명의 성인과 15명의 미성년자)가 78개의 다른 게임을 이용한 것으로 나타났다.

못하지만, 우리는 VR이 사람들의 실제 세계에 대한 인식을 높이는 것을 보아왔다.

〈그림 5.1〉에서 창의적이고 교육적인 타이틀에 보낸 시간과 순수하게 재미있는 게임에서 보낸 시간들을 비교해 보자. '유머'에 속한 매력적인 3개의 게임이 엄청나게 인기가 많다는 점에 주목할 필요가 있다.

그림에서 '코미디'를 위해 코딩된 3개의 게임에는 직업 시뮬레이터*Job Simulator*, 어카운팅*Accounting* 과 버추얼 릭–앨리티*Virtual Rick-ality*가 있다(모든 이용자가 기록한 누적 플레이 시간은 3,155분이었다). 2016~2017학년 동안 KU의 로어바흐 도서관*Rohrbach Library*의 VR 이용자는 VR 미술관*VR Museum of Fine Art*, 구글 블록*Google Blocks*과 틸트 브러시*Tilt Brush*와 같은 창의적인 아울렛 매장을 제공하거나 가르치기 위해 설계된 경험들을 활용하기 위해 주어진 시간의 3분의 1을 VR에 할애했다.

"보스와 반 고흐를 위해 여기로 오세요. 릭 앤 모티를 위해

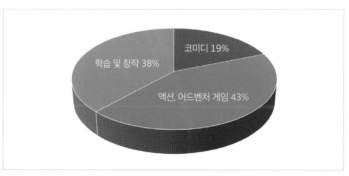

그림 5.1 VR 경험의 참여 유형

여기 머무르세요." 분명히 우리의 바이브는 우리 도서관을 방문하지 않았을 사람들을 도서관으로 끌어들였다. 그러나 여전히 이런 의문은 남아 있다. '대학도서관 공간 일부를 시끄러운 게임 아케이드로 바꾸는 것은 고등교육의 신성함을 훼손하는 것이 아닌가?

문화에 대한 지식을 전달하기 위한 필수조건은 '종이로 인쇄된 인쇄물이다'라고 이해하고 있는 많은 노년층에게 '유튜브가 학습도구로 선호된다는 사실'과 장엄하고 풍부하게 변화하는 디지털 미디어 환경을 이해시키는 데 어려움을 겪고 있다. 이는 마치 구로자와 아키라 $^{Kurosawa\ Akira}$, 페데리코 펠리니 $^{Federico\ Fellini}$와 같은 유명한 영화감독의 작품을 시드 마이어 $^{Sid\ Meier}$[7]와 이야모토 시게루 $^{Shigeru\ Miyamoto}$[8]의 작품(게임)과 같은 선상에서 보는 것을 이해하기 어려워 하는 것과 마찬가지일 것이다. 하지만 뛰어난 작품은 청중의 마음에 공유된 역사 $^{shared\ history}$를 깊이 각인시킨다. 그러므로 이들을 설계를 다르게 하는 예술가들이라고 인정해야 할 것이다.

## 다음에 오는 것 $^{What\ Comes\ Next}$

이 글을 쓰는 시점인 2018년 초에는 VR에 대한 대중의 열정이 정체된 것처럼 보였다. 재미있지만 인생을 바꾸지는 못했다. "멋지긴 하지만, 이 멍청한 줄 $^{stupid\ cord}$은 왜 내 머리에 붙어 있지?"

아마도 스마트폰을 능가하는 처리 능력을 활용한 저렴한 VR을 위한 진정한 무선기능*true wireless capability*으로 이 문제는 곧 해소될 것이다. 또한 엄청나게 풍부한 증강현실*AR*과 혼합현실*MR*이라는 하이브리드를 기대할 수 있을 것이다.

디지털 객체*digital artifacts*를 물리적 환경에 결합시키는 AR 기술은 커스터마이징된 세계를 향한 발걸음처럼 느껴진다. 이를테면 도서관에서의 AR을 생각해 보자. 이용자의 실시간 요구에 따라 관련 장소를 착오없이 탐색할 수 있게 해주는 저렴하고도 쉽게 구할 수 있는 AR 헤드셋(또는 바이저*visor* 혹은 스마트 콘택트렌즈)이 얼마나 삶을 멋지게 만들 수 있는지는 쉽게 상상할 수 있다. 한 학생이 헤드셋을 끼고 차이코프스키에 관한 책을 어디에서 찾을 수 있는지 물으면 그 학생이 보는 벽은 즉시 콘텐츠로 채워질 것이다. 또한 가장 가까운 화장실이나 카페의 위치를 묻는다면 보고 있던 콘텐츠는 바로 녹아 없어지고 다른 정보로 교체될 것이다.

일부 미래학자들은 오늘날의 VR과 미래의 AR을 비교하곤 한다. 도서관의 신기술은 유행을 타기 쉽다라는 두려움 때문에 저렴한 VR 시스템을 설치하는 것을 주저해서는 안 된다. 대신 응용 프로그램과 기능을 보장하는 두 가지 흥미로운 접근 방식 중 하나라고 보아야 한다. 히메로니무스 보스의 스튜디오를 방문하여 'The Eye of the Owl'을 감상하는 VR의 경험과 AR 경험은 차이가 있다. VR이 제공하는 완전한 몰입감의 장점이 있다.

여전히 남아 있는 흥미로운 질문 하나는 이것이다. "VR과 AR

로 무엇을 할 것인가?" 몰입형 기술이 주는 강력한 사실주의는 교육학, 교수법$^{pedagogy}$을 발전시키기 위해서는 거의 예술가적인 작업을 요구한다. 스냅샷$^{snapshot}$과 연결하여 정확하게 렌더링된 디지털 장면을 매핑하는 일련의 기술을 사용하여 VR 공간에서 고고학적 전문지식을 활용하려는 시도들은 이미 존재했다. 그러나 진짜 트릭은 이러한 작업을 수익화$^{monetizing}$하는 것이다. 기업들이 젊은 학자들의 관심을 끌 수 있는, 즉 깊이 연구되고 있을 뿐만 아니라 진정으로 매력적인 경험들을 개발하는 일에 자금을 지원할 수 있다면 한 단계 더 발전할 것이다.

그러나 고품질 VR을 경험하려면 많은 시간과 자원이 필요하다. 비디오게임과 관련된 기술에서 콘텐츠 배치$^{content\ batch}$로 단순히 포장만 바꿔 그럴듯하게 만드는 것이 VR이라 할지라도, 잘 설계된 1인칭 슈팅 게임의 본질적 매력을 교육용 소프트웨어에서는 전달해 주지 못한다. VR과 AR 미디어가 아무리 강력하더라도, 학습을 증진하기 위해서는 이를 이용하려는 사람들은 상당한 도전에 직면하게 된다. 유니티$^{Unity}$와 언리얼 엔진$^{Unreal\ Engine}$ 같은 엄청난 개발 환경은 쉽게 얻을 수 있다 하더라도, 진정으로 흥미진진한 VR 경험을 제작하는 데는 많은 기술과 시간을 필요로 한다. 대학에서는 이것을 위해 할애할 시간과 기술이 있다고는 하지만, 실제 세계의 압력$^{real\ world\ pressure}$에서는 취약하다. 시장의 힘$^{market\ forces}$은 우리가 무엇을 가르쳐야 하는지를 결정한다.

이 실험을 통해 우리 도서관이 배운 핵심 교훈은 다음과 같다. 새로운 미디어의 소비와 생성을 위한 공간에서 환영받는 도서관 서비스는 '특징/기능'으로써 다양한 '가치/방향'을 가진 이용자에게 가치 있게 인식된다는 점이다. VR로 인해 우리 도서관을 찾아온 사람들은 공부만 하는 괴짜, 운동선수, 사춘기 아이들, 음모론자[conspiracy theoriest], 보통사람들[정상인], 그리고 이 사이 어디쯤인가에 속해 있는 모든 사람을 포함하여 우리가 서비스하기 원하는 이용자 유형은 매우 다양하다.

VR은 앞으로 점점 더 정교해져서 유비쿼터스한 2020년대와 2030년대의 AR 하이브리드[9]와 비교한다면 현재의 모습은 웃음이 나올 정도로 원시적으로 보일 것이다. 그중 일부는 일시적인 유행으로 존재하지 않게 될지도 모른다.

랑가나단의 다섯 번째 도서관 법칙은 "도서관은 계속적으로 성장하는 유기체"이다. 표현만으로 본다면 이는 독자를 놀라게 할 만큼 강력한 은유[메타포]를 지닌다. 어쩌면 생생한 초현실주의에 대한 접근을 위한 시도인지도 모르겠다. 그러므로 아마 랑가나단이 오르가논 VR[Organon VR]과 같은 잘 만들어진 소프트웨어를 성장하는 인간 유기체를 이해하기 위한 멋진 방법으로 받아들이지 않는다는 것을 상상하기란 어려운 일이다. VR은 도서관 이용자가 자신의 인간성을 새롭게 바라볼 수 있는 또 다른 창이 될 것이다.

# 6장

# 3D와 가상현실을 고등교육 과정의 학습 및 연구활동에 통합하기

Integrating 3D and Virtual Reality into Research
and Pedagogy in Higher Education

매트 쿡*Matt Cook*, 잭 리커-카츠*Zack Lischer-Katz*

1980년대 후반에 시작하여 2000년대 초반까지 계속되는 실험기간을 거쳐 이제 VR 기술은 주류가 되어가고 있다. 최근의 기술들이 저렴한 가격과 상대적으로 사용이 용이하다는 점은 VR을 대중화시키는 데 효과적이었다. 과거 컴퓨터공학이나 공학 전문가들만이 액세스할 수 있는 백만 달러 상당의 CAVE 시스템을 연구하던 것에서 이제는 저렴하고 휴대 가능하고 누구나 사용 가능한 헤드 마운트 디스플레이*HMD*로 연구 대상이 이동했다.[1]

2016년 3월, 오큘러스 리프트 헤드셋이 공개되고 2016년 4월에 HTC 바이브가 출시되면서 고충실도 VR*high-fidelity VR*은 점점 더 다양한 계층의 사람들이 이용하게 되었다. VR의 이러한 부활은 주로 비디오 게임 시장에 의해 촉발되었지만 교육기관은 새로 얻을 수 있는 VR 기술의 이점을 열성적으로 탐색하고 있으며, 이를 학술 연구와 교육에 통합하기 시작했다.[2]

VR의 접근성이 높아짐에 따라 문화유산과 유물, 생물학적 표본biological specimens, 의료 영상 등의 고해상도 3D 모델을 생성하는 도구들도 더 널리 보급되고 있다. 실제로 사진 측량 처리 소프트웨어photogrammetric processing software는 모든 스마트폰을 잠재적인 3D 콘텐츠 생성 도구이자 실제 세계를 캡처하고 디지털화하는 메커니즘으로 만들어 줄 것이다.

강력한 디지털 콘텐츠 유형과 접근이 용이해진 디스플레이 플랫폼 간의 상호관계는 깨지기 쉽거나 멀리 있어 접근할 수 없는 객체와 관련이 많은 교실에서의 수업이나 교수진들의 연구활동에 특별히 많은 영향을 미친다.

오클라호마 대학University of Oklahoma, UO 도서관은 특정 분야에 구애받지 않으면서 3D 콘텐츠와 상호작용하는 VR 도구를 개발함으로 대학도서관 환경에서 VR 및 3D 기술을 결합하는 데 앞장서고 있다.

이 장에서는 UO 도서관의 신기술 담당 사서들emerging technology librarians의 경험을 나누고자 한다. 이들은 자신들의 경험을 통해 배운 교훈들을 기관을 위해 그리고 VR을 고려하는 다른 도서관 전문가들에게 일종의 지침이 되기를 희망하며 VR의 학문적 이용academic use을 위해 공개 VR 플랫폼을 개발한 내용을 나눈다.

이 장은 VR의 이점에 대한 배경지식과 UO 도서관에서의 VR 역사에 대한 개요로 시작한다. 이어서 학부 수준의 VR을 활용한 과목들에 대한 사례 연구들과 도서관에서의 VR 콘텐츠 호스팅

보존과 큐레이션에 장애가 되는 평가들에 대한 내용을 다룬다. 그리고 미래 도서관의 VR을 위해 주목해야 할 몇 가지 트렌드에 대한 논의로 내용을 마무리한다.

# 오클라호마 대학에서의 VR
*Virtual Reality at the University of Oklahoma*

## 도서관에서의 VR *VR in Libraries*

몰입형 VR 학습환경의 실제적인 특성은 기존의 2차원 디스플레이(예: 교과서 삽화, 컴퓨터 화면 등)에서는 불가능한, 새로운 방식으로 학술연구를 지원한다. 공학, 건축, 고고학, 해부학 등 여러 분야 연구에서 VR이 연구 및 교육에 미치는 이점은 입증되었다.[3] 가상 경험 *virtual experience* 은 '충실도 *fidelity*'라고 하는 '실제 세계와 닮은 정도'가 통제된 조건에서 연구되는데, 이를 통해 VR 기술의 광범위한 적용 가능성을 짐작해 볼 수 있다.[4] 연구자들은 작업의 성능을 향상할 수 있는 고화질 VR 시스템과 관련된 일련의 고유한 특성을 확인했다. 이러한 연구는 헤드 및 핸드 트래킹같이 구현된 인터페이스 메커니즘 등을 통해 일반적으로 기존 컴퓨터 워크스테이션에서 부족한 시각적 신호를 인지할 수 있다고 제안한다.

VR 환경에서는 그 대상이 사용자의 근거리 시야에 물리적으로 존재하고 완전히 상호작용하는 것처럼 분석되느냐에 따라 성공할 수도, 실패할 수도 있다.[5] 이러한 플랫폼의 특성은 공간 지향적 유형의 콘텐츠_spatially oriented types of content_와 가장 관련이 있으며 연구자들은 "현재로서 VR은 같은 공간적인 영역에서 더 나은 발견을 이끌어 낸다"라고 결론지었다.[6] VR 기능(능력)이 시공간적으로 확장됨에 따라 촉각, 후각, 청각까지 요구되는 영역들(예: 다양한 인문학 분야)에도 적용되어 매력적인 콘텐츠를 제공할 수 있게 되었다.

## 오클라호마 대학의 VR에 대한 간략한 역사_A Brief History of Virtual Reality at the University of Oklahoma_

2014년 가을, 오클라호마 대학(이하 OU)의 소규모 교수진과 도서관 직원들은 리틀록_Little Rock_에 있는 아칸소 대학_University of Arkansas, 이하 UA_의 '신흥 분석 센터_Emerging Analytics Center_'에서 주최한 몰입형 시각화 '부트 캠프_Boot Camp_' 워크숍에 참석했다.[7] 그 자리에서 참석자들은 풀 사이즈 CAVE 시스템과 VR HMD 중 하나로 새로 출시되어 최초로 공개된 오큘러스 DK2(개발자 키트 II)를 비롯한 다양한 첨단 VR 도구들을 소개받았다. 워크숍에 참가한 도서관 직원들은 노먼 캠퍼스_Norman Campus_로 돌아온 후 서둘러 DK2를 주문했다. 도서관 행정부는 재정적으로나 직원들의 시간 측면에서 이러한 초기 노력들을 지원했으며, 이러한 새로운 도구들과 관련된 혁신적인 공간의 출현은 대학의 기술 및 지적 교차로*technological and intellectual crossroads*로서 OU 도서관의 위치를 유지하는 데 중요하다고 간주하였다.

다행히 일반적인 VR 소비자용 기기*consumer devices*로서 HMD 하드웨어는 대학 도서관에서 구입하기에 상당히 저렴한(약 350달러) 것으로 판명되었다. 이것은 OU 메인 도서관에서 여러 장치를 구입해 시연할 수 있음을 의미했다. 그래서 다음 해 2015년을 '갈릴레오의 세계'와 같은 도서관 전시 '로드쇼*road show*'와 다양한 캠퍼스 기술 박람회를 모두 포함하고, 새로운 VR 하드웨어의 시연 및 다양한 실험을 시도하는 해로 지정하였다.[8] 이를 경험한 학생, 교수진, 교직원 및 일반 대중의 반응은 대체로 긍정적이었다.

2016년까지 VR은 OU 도서관 내부에 설치된 Innovation@the EDGE Makerspace에서 한자리를 차지하게 되었다.[9] OU 교수진들은 가상공간에서의 분석에 특별히 도움이 되는 공간 지향 콘텐츠에 중점을 두고 VR 지원 통합을 시도하였다. 생물학, 건축 그리고 미술 분야의 교육 과정은 2016학년 동안 Innovation@EDGE 내의 베타 하드웨어를 사용했다.[10] 그 이후로 캠퍼스 15개 학과에서도 도서관 지원 VR 코스 통합*library-supported VR course integrations*을 채택하기 시작했다.

## 오클라호마 가상 학술 실험실 *The Oklahoma Virtual Academic Laboratory*

실험적 채택이 있었던 첫해에 교수들의 긍정적인 피드백이 급증하면서 OU의 사서들에게 '소규모 도서관 부서에서 어떻게 연구자와 강사들을 대상으로 각 교과에 맞는 교육 소프트웨어를 개발할 것인가?'와 같은 예상치 못한 의문이 생겼다. 더욱이 하드웨어 인체 공학과 관련된 많은 이용자 경험 문제가 드러났다.[11] 현재의 하이엔드 HMD(예: 오큘러스 리프트 및 바이브)는 여전히 PC와 테더링 연결 *tethered connection*에 의존하고 있고 이러한 케이블 연결은 종종 이용자가 가상 공간에 몰입하는 경험을 방해한다.[12] 핸드 트래킹 또는 기타 구현된 컨트롤러의 사용은 이용자를 책상, 키보드 또는 근처 사람들과 같은 물리적 장애물에 부딪치게 했다.[13]

증가하는 수요를 전략적으로 관리하고 케이블 관리와 사용자 동작 범위와 같은 실질적인 문제를 설명하기 위해 OU 도서관은 물리학과 내의 제조시설 *physics fabrication facility*과 협력했다. 그곳에서 이용자는 3D 콘텐츠를 VR에 원격으로 업로드하여 오큘러스 리프트 헤드셋 네트워크를 통해 콘텐츠를 공유할 수 있도록 하는 맞춤형 소프트웨어 패키지를 보완하는 '체어 온 레일 어셈블리 *chair-on-rails assembly*'를 설계하여 구현하였다(그림 6.1 참조). 그에 따라 오클라호마 가상 학술 연구소 *Oklahoma Virtual Academic Laboratory, OVAL*가 탄생하였다.

## 코스 통합*Course Integrations*

OU 도서관의 가상현실 이니셔티브 3년 차까지 8개의 네트워크화된 OVAL 워크스테이션은 노먼 캠퍼스 세 곳에 배포되었으며 다른 캠퍼스에 있는 교수진들과 학생들도 가르치고 협업할 수 있는 분산 가상 교실*distributed virtual classroom*이 만들어져 효과적으로 운영되었다. OVAL을 사용하여 이용자는 3D 콘텐츠를 조작하고, 환경 조건(예: 조명)을 수정하고, 3D 모델에 주석을 달고, 다른 학생들이나 강사들과 협업할 수 있었다(그림 6.2 참조). 더욱이 특정 학과에서 이런 시스템을 보다 심층적으로 다루기 시작하고, VR 지원 코스 통합*virtual reality-supported course integrations*이 지속적으로 운영되는 것을 본 교수진들은 이 일에 더 많은 관심을 가지게 되었다. OU의 건축, 인류학, 생화학, 저널리즘, 공학, 예술 및 미술사, 도서관 그리고 정보 과학, 영어, 법학 분야 전공 학생들은 OU에서 교과과정의 일부로 OVAL 워크스테이션을 정기적으로 이용하게 되었다.

OU 도서관과 인류학과의 협업은 이 특정 코스 통합의 구조는 교육학적으로 효과적일 뿐 아니라, 다른 수업으로도 전이될 수 있는 매우 획기적인 이용 사례임을 나타냈다. 2017년 가을, 인류학개론 수업의 수강생들은 캠퍼스 내의 VR 시설들을 방문하여 호미니드 두개골 모델*hominid skull models*(이것들은 모르포소스*morphosource*와 아프리카 화석*African fossils*과 같은 기존 온라인 3D 저장소*online 3D asset repositories*를 통해 무료로 얻은 것이다)을 살펴볼 수 있는 기회를 가졌다.[14] 준비 과정에서 사서는 수업의 교수자와 협력하여 특정 코스 모듈의 학습 목표를

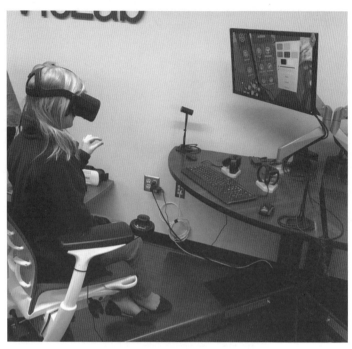
그림 6.1 사용 중인 OVAL 워크스테이션

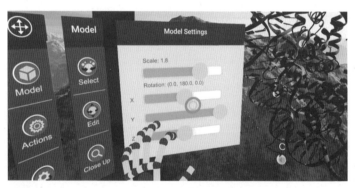
그림 6.2 OVAL 이용자 인터페이스 버전 1.0

지원하는 VR 플랫폼을 활용하는 과정과 과제를 개발했다(인류학 수업에서 사용한 활동은 부록 참조).

학생들이 해결할 과제는 가상의 호모 하이델베르크인$^{Homo}$ $^{Heidelbergensis}$ 두개골의 일정한 특징을 찾고 연대기 순으로 정렬된 화석에서 명백한 구조적 변화를 설명하고, 식습관을 알아내기 위해 두개골 특징을 살펴보는 것이었다.[15] 이 두개골은 학부생들이 물리적으로 접근할 수 없는 것이었으므로 VR 기술을 활용하기 적합했다. 실제로 OU 도서관들은 학부생들에게 '취급'이 어렵고 배우기 힘든, 즉 깨지기 쉽고 먼 거리에 있는 표본에 대한 접근을 확대해 주었다.

학생들의 학습에 대한 VR의 이점들을 평가하기 위해 과제 완료 후 학생들과 사전/사후 설문조사와 반구조화된 인터뷰 방법으로 관련 데이터를 수집했다. 수집된 데이터의 초기 분석 결과 공간 분석 과제$^{spatial\ analysis\ tasks}$를 수행하는 능력과 관련하여 학생들의 자기 효능감$^{self-efficacy}$ 향상이 입증되었다.[16] 이는 VR이 건축학과 학생들을 위한 스케일 인식$^{scale\ perception}$, 오류 인식$^{error\ recognition}$, 창의성 및 의사소통에 긍정적인 영향을 미치는 것으로 나타난 이전 연구 결과와 맥을 같이 하였다.[17]

VR 기반 인류학 과제는 코스 모듈$^{course\ module}$의 학습 목표를 지원하도록 특별히 설계되었으며, 학습 활동 이전에 학생들이 OVAL 소프트웨어를 탐색할 수 있는 교육 시간이 제공되었다. 이 일련의 성공적인 코스 통합에서 몇 가지 실용적인 시사점을 얻을 수 있다. 우선, 위생을 고려하여 모든 HMD 안면 인터페이스를 소독 가능한 재료로 업그레이드했다. 그리고 근로 학생들은 모든 HMD과 워크스테이션 구성 요소를 정기적으로 청소하도록 교육받았다. 이뿐만 아니라, 의료 혹은 화학 단백질 데이터 세트의 사전 처리*preprocessing of medical or chemical protein data sets*와 관련하여 3D 모델 준비 작업과 분야별 세부 작업들은 시간이 많이 소요되는 것으로 나타났다.[18] 사서들은 이를 통해 이제 교육이나 자료 준비뿐만 아니라, 소그룹 세션 준비(클래스 크기가 너무 커서 한 번에 시각화 공간 중 하나에서 호스팅할 수 없는 경우)를 위해 '과정을 통합하기'에 앞서 현실적인 일정들을 정하기 위해 교수진들과 긴밀한 협력이 필요하다는 것을 알게 되었다.

# VR 큐레이션과 보존에 있어 문제들

*Curation and Preservation Challenges of VR*

도서관 자원으로서의 VR의 지속 가능성은 연구 수명 주기 또는
교육 자원의 수명 주기 전반에 걸쳐 VR 관련 데이터와 디지털 도
구를 어떻게 관리하느냐에 달려 있다. OU 도서관 직원들은 수업
과정 통합 과제와 교수진들의 연구를 통해 3D와 VR을 사용할
때 도서관이 주도해야 하는 세 가지 중요한 영역을 '하드웨어와
소프트웨어 노후화 관리', '3D 파일 형식 보관', '메타데이터 표준
개발'로 간주하였다.

# VR 하드웨어와

## 소프트웨어 노후 관리 *Managing VR Hardware and Software Obsolescence*

기술의 노후화는 VR을 지속가능한 학술 도구로 지원하는 데 심각한 위협이 된다. 하드웨어와 소프트웨어의 구성은 시간이 지남에 따라 변경되기 때문에 시스템이 지속적으로 업데이트되지 않으면 현재 소프트웨어에 대한 액세스 권한을 잃을 위험이 있고, 이로 인해 이전 소프트웨어와 콘텐츠에 접근하기에 더욱 어려워지며 연구의 재생산성 *research reproductivity*에 심각한 영향을 미칠 수 있다. 예를 들어 연구자들이 VR 앱 버전 1.0을 사용하여 분석을 실행한 다음에 이후 버전에서 그것을 실행한다면 다른 결과를 얻을 수 있다.

이러한 문제 중 일부를 해결하기 위해 사서들은 변경 사항을 문서로 만들기 시작했다. 시간이 지남에 따라 하드웨어와 소프트웨어의 업데이트와 수정을 포함한 VR 시스템의 변화에 대한 문서화하는 작업은 향후 구형 VR 소프트웨어에 접근할 수 있는 에뮬레이터 *emulators*를 구성하는 데 도움이 될 것이다.[19]

뿐만 아니라, 강사나 연구자가 학문적 맥락 *academic context*에서 VR시스템을 가지고 작업할 때 어떤 버전의 소프트웨어와 데이터를 사용하는지, 누가 만들었는지, 3D 개체가 수정되었거나 변경되었는지 등의 여부를 아는 것도 중요하다. 제노도 *Zenodo*나 개방형 과학 프레임워크 *Open Science Framework*와 같은 연구 데이터 플랫폼은 VR

코드와 3D 모델을 보관하는 데 유용할 수 있다.[20] 또한 VR 시각화 *VR visualization*를 통해 생성된 연구 제품을 지속 가능하고 인용 가능하게 만드는 영구 식별자*persistent identifiers*(예: DOIs, ARK 등)를 발행하는 것도 좋은 방법이다.

## 3D 콘텐츠 보관을 위한 파일 형식 *File Formats for Archiving 3D Content*

3D 모델링에서 여전히 해결되지 않은 문제 중 하나는 3D 모델 보관을 위한 표준화된 파일 형식이 부족하다는 것이다. 유비쿼터스 OBJ 파일 형식은 그 한계에도 불구하고, 사실상 표준이 되었으며 대부분의 소프트웨어 패키지는 문제없이 가져오고 내보낼 수 있다. 일반적으로 ASCII로 인코딩된 간단한 형식이므로 텍스트 편집기에서 쉽게 볼 수 있다. 이 형식의 주요 단점은 파일에 메타데이터를 포함할 수 있는 기능이 없고 텍스처와 색상 정보를 별도의 파일에 저장해야 한다는 것이다. 이 문제를 해결하기 위해 사서들은 COLLADA 파일 형식(.dae 파일 형식)을 실험해 왔다. 이것은 헤더*header*에 메타데이터를 포함할 수 있는 기능이 있는 XML 기반 형식으로, VR 플랫폼 내에서 모델의 정확한 측정을 가능하게 하는 교정 정보*calibration information*를 모델 파일*model file*에 포함시키는 데 특히 유용하다. X3D를 보존 형식으로 사용하는 것에 대해서는 도서관 분야에서도 논의가 있었다. X3D는 Web3D 컨

소시움에서 유지 관리되는 ISO 표준이며 인터넷에서 3D 콘텐츠에 접근할 수 있도록 1990년대에 개발된 VRML 형식을 대체하고 있다.[21]

## VR 콘텐츠용 메타데이터 *Metadata for VR Content*

메타데이터 표준을 만드는 것은 3D 모델 제작자와 디지털 큐레이터 커뮤니티가 여전히 합의점을 찾기 위해 노력하고 있는 또 다른 영역이다. 몇몇 프로젝트가 메타데이터 지침을 개발하려고 시도했지만 널리 채택되지 못했으며 도서관과 기록관에서 이미 설치했을 수 있는 기존 보존 저장소에 대한 스키마로 쉽게 변환되지 않았다.[22] 3D 모델의 생성에는 제작자가 결정을 내려야 하는 많은 기술적 단계들과 지점들이 포함되기 때문에 모델의 정밀도와 정확성은 최종 결과만으로는 판단할 수 없다. 대신, 연구자는 모델이 생성된 방법에 대한 정보에 접근할 수 있어야 한다.[23]

## 보존과 큐레이션 문제를 해결하기 위해 진행 중인 프로젝트 *Current Projects Addressing Preservation and Curation Challenges*

현재 진행 중인 PARTHENOS(파르테노스: Pooling Activities, Resources

and Tools for Heritage E-research Networking, Optimization and Synergies, Heritage E-research, 네트워킹과 최적화 및 시너지를 위한 풀링 활동과 자원과 도구) 프로젝트를 포함하여 보존과 큐레이션 문제를 해결하려는 여러 프로젝트가 있다. 유럽의 3D과 VR에 대한 표준 및 모범 사례 중 하나로 콘텐츠를 선별하기 위해 전 세계 문화기관과 협력하는 프로젝트, 박물관과 도서관 서비스 연구소에서 2017년 자금을 지원받은 3개 국가의 리더십 보조금 프로젝트가 대표적인 사례이다.[24] 이런 프로젝트는 3D/VR에 대한 표준 및 모범 사례가 향후 2~3년 동안 안정화되고 합의가 늘어날 가능성이 있다는 것을 시사하고 있다. 그렇기 때문에 3D와 VR 프로그램을 구현할 때 이러한 프로젝트를 모니터링하는 것은 중요하다.

# VR을 위한 미래 방향

*Future Direction for Vitual Reality*

VR과 3D 기술은 점점 더 다양한 교육환경에서 새롭고도 흥미로운 지원을 하기 시작했다. VR HMD와 3D 스캐닝 하드웨어와 소프트웨어는 계속해서 가격이 하락하고 있으며, 이는 K-12 교육(초·중·고등교육), 공공도서관, 박물관 등 점점 더 많은 기관에서 이러한 기술을 채택하는 것을 쉽게 볼 수 있음을 시사한다. 그래픽 처리 하드웨어(현재 NVIDIA 10시리즈 GPU와 동급)는 일반 이용자가 메스꺼움, 눈의 피로나 어떤 불편함도 없이 장기간 VR을 사용하는 데 필요한 초당 60프레임 이상의 임계값을 초과하게 하는 등의 기술도 지속적으로 개선되고 있다. 결국, 전문가 수준의 3D 모델링과 VR 데이터 시각화 소프트웨어가 점점 더 많은 산업 현장에 채택되고 있으며, 이는 VR이 학자들의 워크플로에 통합되는 것이 곧 임박했음을 시사한다.[25] 하드웨어 기능과 '킬러 앱*killer apps*'이라는 조합은 더 많은 분야 혹은 연구 분야에서 VR을 각각의 목적을 위한 도구로 채택하기 시작했음을 의미한다.

다양한 분야에서 VR 기술과 3D 콘텐츠는 교수, 교사 그리고 큐레이터가 원거리 참가자들을 위한 수업, 투어와 전시를 촉진할 수 있는 다중 사용자 이벤트*multiuser events*에 필요한 인프라를 제공할 수 있다.[26] 예를 들어 전문가는 스톤헨지*Stonehenge*의 매우 상세한 3D 모델을 통해 투어를 이끌고, 가상 하늘에서 가상 태양을 움직이고, 태양계에서 일어나는 각종 사건과 관련한 장소(사이트)가 어떻게 형성되었는지를 논의할 수 있다. 이 기술은 원격학습에 대한 큰 가능성을 보여준다. 어떠한 장소 및 유물에 대해 접근할 수 있고, 전 세계에 흩어진 참가자들을 모을 수 있으며 가상공간에서 상상하고 실행할 수 있는 선별된 투어와 전시들은 셀 수 없을 정도로 많이 존재한다.

주목하고 모니터링해야 할 중요한 사안으로는 웹 기반과 모바일 형태의 VR의 개발, 3D 모델의 연합 컬렉션*federated collection*에 접근하기 위한 검색도구와 새로운 리포지토리(보관 장소) 개발, 미래의 도서관을 형성하는 데 있어 VR과 AR의 역할들이다.

## 웹 기반 VR *Web-Based Virtual Reality*

VR 소프트웨어가 웹으로 이동함에 따라 모바일 기반 VR 개발을 지원하고 개발 또한 더 쉬워질 것이고, 지속 가능하게 될 것이다. 2016년 3월 웹VR이 출시되면서 크롬*Chrome*과 파이어폭스*Firefox* 웹브라우저에서 현재 HMD로 VR 콘텐츠를 제공할 수 있다. 하드웨어 특정 소프트웨어보다 웹브라우저를 사용하면 앞서 언급한 노후화 문제들 중 일부를 줄일 수 있고, 다양한 제조업체의 HMD 간에 콘텐츠 상호 운용성을 촉진할 수 있다. HMD를 컴퓨터에 연결하기 위한 공통 표준을 개발하기 위해서는 주요 HMD 생산자와 협력하고 있는 크로노스 그룹*Khronos Group*과 개방형 XR 프로젝트 *OpenXR Project*에서 수행 중인 작업과 같이 진행 중인 표준화 이니셔티브*standardization initiatives*를 모니터링하는 것도 중요하다.[27]


## 리포지터리/보존과 검색*Repositories and Discovery*


주목해야 할 또 다른 사안은 3D 콘텐츠를 위한 리포지토리와 3D 컬렉션을 검색하고 탐색하기 위한 새로운 도구의 개발이다. 접근에 대한 수요가 증가하고 정확한 고해상도 3D 모델을 생성하는 데 드는 높은 비용으로 인해, 관련 기관에서는 컬렉션 전체를 검색하기 위한 공유 저장소와 통합 검색엔진, 기타 다른 도구들을 개발해야 한다. 모르포소스, 아프리칸 화석, NIH 3D 프린터 거래소*3D Print Exchange*를 포함한 기존의 3D 모델 학술 컬렉션과 스케치팹*Sketchfab* 같은 학술 콘텐츠를 호스팅하기 위한 상업용 사이트가 온라인상에 등장하기 시작했다.[28] 그리고 와이오

밍 대학University of Wyoming, 버지니아 대학University of Virginia, 스미스소니언 연구소Smithsonian Institution와 같은 기관들에서는 3D 모델을 기존 리포지토리 시스템에 통합하는 실험을 시작했다.[29] 이뿐만 아니라, IIIFInternational Image Interoperability Framework(국제 이미지 상호운용성 프레임워크) 커뮤니티에서 3D 모델을 온라인으로 표시하기 위한 유사한 API 세트를 개발할 필요성에 대한 논의도 시작되었다.[30]

웹사이트상에서 3D 콘텐츠를 쉽게 포함하고, VR 장비에 접근할 수 있도록 하기 위해 스케치팹 상용 플랫폼이 이를 주도하고 있다.[31] ISTI-CNR의 비주얼 컴퓨팅 랩Visual Computing Lab에서 개발한 오픈 소스 웹 기반 3D 프리젠터 도구인 3D-HOP3D Heritage Online Presenter은 3D 모델의 웹 기반 표시를 위해 더 많은 분석 도구를 추가했지만, 이를 배포하려면 추가 개발과 서버가 필요하다.[32] 대규모 3D 콘텐츠 컬렉션은 학생과 연구자가 3D 모델에 접근하고, 보관하며 분석하는 수단으로 점점 더 중요해질 것이다.

연구 지원을 위한 3D 데이터베이스 특징들의 바람직한 조합이 개발되고 배포되고 나면, 브라우징 과정이 가상현실로 피드백되고 추가로 증강될 수 있다. 여기에서 우리는 증거 대상evidential objects이 '1차 정보원primary sources'으로 구성된다는 것은 마이클 버클랜드Michael Buckland가 말한 '객체로서의 정보information-as-thing'라는 개념과 매우 가까워진다[33]는 점을 알 수 있다. VR 환경에서 고품질 3D 객체들high-quality 3D objects을 브라우징할 수 있는 가상 컬렉션browsable virtual collections은 공간 지향적인 정보의 배열로 이용자를 둘러쌀 수 있다.

이를 통해 연구자들은 텍스트 자료들*textual resources*을 탐색할 뿐만 아니라, 표본, 인공물 그리고 기타 다른 형태의 연구 데이터에 대해서도 정확한 디지털 사본*digital copies*을 분석할 수 있다.[34]

## 가까운 미래 그 이상*Beyond the Near Future*

먼 미래 도서관에서의 VR은 어떠한 모습일까? 현재 추세를 감안해볼 때, 향후 5~10년 동안 더 많이 발전할 것으로 예상된다. AR과 VR기술이 병합될 것이고 결과적으로 하드웨어는 스마트폰처럼 유비쿼터스화될 것이다. 도서관이 현재 인쇄 및 전자 자료 그리고 이미지를 책임지고 있는 것처럼 3D 디지털 컬렉션의 구성과 보존 그리고 접근성을 책임지고 담당하게 될 것이다. 도서관에서는 3D 모델과 VR 기술을 수동적으로 호스팅하기보다는 훈련된 도서관 직원들이 다양한 분야에 걸쳐 VR을 위한 새로운 응용 프로그램과 특수 기능을 개발하여 연구와 교육 분야를 적극적으로 지원할 것이다. 대학도서관은 새로운 연구와 교수법을 동시에 확보하고, 최신 도구와 첨단 디지털 인프라에 접근하게 하며 교수들은 전 세계에 흩어져 있는 학생들과 VR 수업 세션을 이끌어감으로써 지속적인 학제 간 연구와 교육을 지원하고 촉진할 것이다.[35]

# 결론
*Conclusion*

도서관이 중심 기구의 역할을 하며 OU 캠퍼스 전체에 VR을 배포한 경험은 이 새로운 도구의 가치를 입증하기에 충분했다. 3D 모델링과 기타 3D 콘텐츠 제작 도구의 성장 그리고 다양한 분야/전공에서 학생들의 공간 인지 능력을 개발의 필요성이 함께 어우러지면서 이제 VR은 학생과 연구자가 3D 자료를 완벽한 3차원으로 분석할 수 있는 이상적인 플랫폼이 되었다. VR이 "단순히 '와우' 감탄하게 만드는 요소" 이상의 진정한 학술 도구가 되기까지는 아직 몇 년이 걸릴 수 있지만, VR을 가지고 부분적으로 혹은 전체적으로 온라인과 대면 수업을 진행할 날이 머지 않았다.

연구자들은 세계 곳곳의 고고학 발굴지로 여행을 다니거나 유비쿼터스 VR 장치에서 편안하게 과학 표본을 분석할 수 있게 될 것이다. VR은 정보 자원에 대한 접근을 강화하고 학문 세계에서 공간 이해와 구체화된 분석을 촉진하는 새로운 분석 도구를 제공함으로써, 여전히 대부분 텍스트와 2차원 이미지의 평면성에 의해 지배되어 온 도서관의 사명을 확장시켜 줄 것이다.

부록(Appendix)

## 2017학년도 가을학기 문화인류학 VR 과제

_문화인류학 ANTH1113 활동—VR 스터디

1. 표본 호모 하이델베르크인*Homo Heidelbergensis*을 보고 몇 가지 특징을 적어 놓았다. 이는 기능 혹은 특성*featueres*과 매칭된다. 이보다 더 많은 것을 노트하라.

   _____ 구멍 매그넘*Foramen Magnum*

   _____ 광대뼈 아치*Zygomatic Arch*

   _____ 안와상 원환체*Supraorbital Torus*

2. 포르그나티즘*porgnathism*은 얼굴의 길이(주둥이가 얼마나 유지되는지)를 나타낸다. 초기, 중기, 후기로 표시된 표본을 검사하고 예후가 시간이 지남에 따라 어떻게 변하는지 설명하라.

3. 치열*dental arcade*은 식이요법에 매우 민감하며, 부드러운 식이요법은 더 V자형*v-shaped*이고 또 더 조밀한 치과 아케이드로 이어진다는 점을 상기하라.

A와 B로 분류된 종을 보고 왜 하나가 다른 종보다 더 힘든 식단을 가지고 있다고 생각하는지 설명하라.

# 7장

# VR을 활용한
# 정보문해력 교육

Inforamtion Literacy Instruction Using
Virtual Reality

펠리시아 A. 스미스<sup></sup>*Felicia A. Smith*

이 장에서는 도서관 교육*library instrcution*을 더욱 흥미롭게 수행할 수 있는 방법으로 VR을 활용하는 것에 대해 탐구하고자 한다. VR은 헤드기어*head gear*를 사용하여 렌더링되거나 투영된 시청각 요소들과 상호작용할 수 있는 시뮬레이션 세계를 만들어 내는 일종의 컴퓨터 생성 기술이다. 전통적인 강의 기반의 접근방식은 더 이상 교실 수업에 적합하지 않으므로, 능동적 학습 기술을 사용하는 것은 학습과 유지(기억)*retention*를 개선할 수 있는 한 가지 방법이다. 2009년 한 신문기사는 MIT, 렌셀러폴리테크닉대학*Rensselaer Polytechnic Institute*, 노스캘리포니아주립대학*North Carolina State University*, 메릴랜드대학*University of Maryland*, 콜로라도대학교 볼더캠퍼스*University of Colorado at Boulder*, 하버드대학*Harvard*과 같이 존경받는 기관들의 강의가 전통적인 강의 형식에서 변화하고 있는 이유를 설명한다.[1]

이런 유명기관의 한 물리학 교수는 대부분의 학생이 상호작용, 협력 그리고 학생 중심적인 학습을 통해 기본 개념을 더 성공적으로 배우고 더 잘 적용한다는 연구 결과에 기반을 둔 교수법을 앞서 개척해 왔다. 이 기사에 따르면 강의 수업의 실패율은 10~12% 지만, 능동학습 방법<sup>active learning methods</sup>으로 전환한 후 실패율이 4%로 떨어졌다는 사실은 놀라운 일이 아니라는 점을 강조한다.

앞서 기사에서 언급한 물리학 교수 중 한 명은 스탠포드대학<sup>Standford Universdity</sup>의 노벨상 수상자인 칼 위먼<sup>Carl Wieman</sup>이다. 2017년 5월 25일 위먼은 KQED 포럼과 인터뷰를 했다. 위먼은 이 인터뷰에서 학부 교육의 가장 오래된 전통 중 하나인 강의 방식을 버림으로써 학부 교육을 변혁하려는 그의 오랜 사명을 설명했다. 그는 수년간 효과적인 교수법을 연구해 왔다. 그는 강의 후, 퀴즈 결과에 기초해 볼 때, 10%의 학생만이 강의자료를 기억/유지한다는 사실을 발견했다. 위먼은 학생들이 특정 문제를 해결하는 능동적 학습이 더 효과적이라는 사실을 연구를 통해 밝혀냈다.[2] 위먼이 비효율적인 교수법 중 하나인 강의라는 오랜 문제에 초점을 맞춰 연구하는 동안 스탠포드대학의 교육학 교수 샘 와인버그<sup>Sam Wineburg</sup>는 '가짜 뉴스'라는 새로운 문제를 연구하고 있었다. 가짜 뉴스의 시대에 클릭 미끼<sup>click bait</sup> 웹사이트 중에서 신뢰할 수 있는 출처를 구별하기는 어려울 수 있다. 나는 그가 〈월스트리트저널<sup>WallStreet Journal</sup>〉 2016년 11월호에서 '십대들이 온라인에서 찾은 정보를 어떻게 평가하는지에 대한 지금까지 가장 큰 연구'를 수행하여 세계적인 찬사를 받은 후에 와인버그를 만났다. 와인버그는 중학교부터 대학교까지 7,804명의 학생 중 90%가 뉴스의 신뢰성을 판단하는 데 어려움을 겪고 있음을 발견했다.[3] 와인버그와 나는 가짜 뉴스야말로 이 거대한 디지털 정보 세계에 슬그머니 드리운 불길한 위협이자 위험이며, 학생들은 이 위험을 식별하고 평가하도록 적절히 훈련되지 못했다는 점을 우려하고 있었다.

칼 위먼과 나는 전통적인 교수법이 이제 더 이상 적절하지 않다는 공통된 우려에 대해 논의한 후, 도서관 수업<sup>library classes</sup>에서 이러한 문제를 해결하기 위해 새로운 기술을 사용하자고 제안했다. 내 제안은 위먼이 제안한 대로 VR을 사용하여 학생들이 특정 문제를 해결할 수 있도록 하는 것이었다. 나는 VR을 사용하여 대학 학부생들에게 정보 활용 능력을 가르칠 것을 제안했다. 이것은 가짜 뉴스 퇴치라는 보너스 이외에도 강의식 교육 방법에 대한 적극적인 학습 대안이 될 수 있다. 이는 앞서 언급한 두 명의 스탠포드 교수들이 논의한 결과로 생성된 논리적인 제안이었다. 우리 VR 프로젝트의 주요 목표는 일상생활에서 사용되는 '상식'과 학계에서 필요한 '비판적 평가 기술들'과 동일하게 여기도록 묘사한 것이었다.

한 방향의 일방적인 의사소통 방식<sup>one way communication</sup>은 영감을 받지 못한 과거의 잔재이지 미래 교육의 방향은 아니다. 그러나 불행히도 학계의 교수들은 그들이 과거에 배운 것과 같은 방식으로 현재 가르치고 있다. 이런 한탄스러운 역학<sup>lamentable dynamic</sup>은 전통적인 교실 강의 방식에 지나치게 의존하는 결과를 낳는다. 슬프게도 이 전통적인 교육 접근방식은 아주 좋게 말해 부적절한 것이며, 최악으로 말하자면 깊고 의미 있는 발견을 가로막는 장애물이다. 유감스럽게도 이 오래된 강의와 강의방식의 교육은 학술환경과 마찬가지로 도서관에서도 변경되지 않고 있다. 현재 도서관 교육 워크숍도 강의 형식에 아주 많이 의존하고 있고 이제 도서관 교육도 발전시킬 필요가 있다.

# 선행연구 분석
*Literature Review*

이 새롭고도 상호작용적인 교수법의 필요성을 뒷받침하는 수백 가지 연구 결과들이 있다. 강의 방식은 단순히 과거의 유물이 아니다. 이 방식은 능동적인 학습 접근법에 비해 지루하고 효과도 적다. 대부분의 사람이 끝없이 계속되는 강의 때문에 고통을 겪었다고 가정하는 것이 적절한 논증이 될 것이다. 강의 방식이 학습과 교실에서의 성과를 극대화할 수 있다는 가설을 검증하기 위해 연구자 그룹을 과학, 기술, 공학 및 수학<sup>STEM</sup> 과정에 있는 학부생들의 학습 성과를 비교하고 시험점수 또는 낙제율에 대한 데이터를 기록한 225개의 연구들을 메타 분석하였다. 전통적인 강의방식의 학습과 능동적 학습을 비교하였는데, 그 결과 전통적인 강의를 듣는 수업의 학생들이 적극적인 학습을 하는 수업의 학생들보다 낙제할 확률이 1.5배 더 높다는 것을 알 수 있었다.

STEM 연구 분석과 물리학 교수들의 연구 결과를 볼 때 구식 방법⁽강의⁾을 고수하는 도서관에 능동적 학습법을 적용했을 때 어떠한 변화가 있을지 예상해 볼 수 있다. 우리가 이제 더 이상 말이 끄는 마차나 증기 기관차를 사용하여 먼 거리를 건너거나, 바다 건너 전보를 보내지 않는 것처럼 우리는 더 이상 교실 수업을 위해 19세기 교육 방법에 의존해서는 안 된다. 이것은 마치 우리가 사용하는 도구의 효율성과 성능이 크게 향상되었음에도 옛 방식대로 먼 거리를 여행하고 의사소통하는 것과 같다. 오늘날의 휴대전화는 20세기의 유선전화와 동일한 기능을 제공하지만, 휴대전화는 강력한 컴퓨팅 기술의 추가로 인해 훨씬 더 뛰어난 기능을 제공한다. 이와 마찬가지로 기술의 발전은 교실에서도 같은 발전을 의미해야 한다.

VR의 탁월한 능력에 대한 한 가지 예로, 학생들에게 익숙하지 않은 전문 용어를 강의로 듣는 것과는 대조적으로 VR에서는 3D 가상표현³ᴰ virtual representation이 가능하고 상호작용할 수 있고, 추상적 개념을 시각화할 수 있는 능력을 제공할 수 있다. 그런 다음 학생들은 가상환경에서 객체를 조작하여 수업 자료에 대해 이해하고 있음을 입증하고 보여줄 수 있다. 학생들은 수업 진행 상황을 모니터링하는 강사들이나 함께 수업을 받는 친구들의 압박 없이도 즉각적인 피드백을 받을 수 있는 이점을 누릴 수 있다. 수업 강사들 또한 학생들의 세션이 완료될 때 수집된 데이터를 활용할 수 있는 이점이 있다.

VR은 강력한 컴퓨팅 기술을 정보활용능력 교육에 통합하는

한 가지 방법이다. 교육을 위한 이러한 유형의 과감한 발전은 전화$^{telephone}$의 발전과 유사하다. 이 두 가지 모두 컴퓨팅 기술의 추가로 인해 크게 향상되었다. VR은 동일한 유형의 교육이지만 새로운 모델이며 강의보다 더 매력적이다. 이 제안은 새롭고 반짝이는, 종소리와 휘파람 소리가 들리는 교육 방법론적 게임 이론$^{pedagogical gaming theories}$이라고 할 수 있다. VR은 학생들에게 전달되는 지식을 개념화하고 또 적용하기 위해 (책과 강의가 아닌) 개인적인 경험을 활용하는 경험적 학습 접근방식$^{experiential learning approach}$을 사용한다. 이 접근방식은 학생들에게 소유권$^{ownership}$을 부여하고(혹은 스스로 책임지게 함으로써), 스스로 학습을 관리할 수 있는 기회를 제공한다. VR은 능동적 학습을 위한 고도의 상호작용 환경을 제공하고 학생중심적이며 학생의 요구를 충족시키는 데 중점을 두기 때문에 구성주의 학습$^{constructivist learning}$의 한 예라고 할 수 있다.

대학도서관 오리엔테이션, 특히 단일형 수업 워크숍$^{one-shot type instructional workshops}$에서 VR을 활용한 연구는 아직 많지 않다. 관련 연구들은 대부분 의료 또는 비행 유형의 시뮬레이션$^{medical or flight types of simulations}$을 다룬다. 일반화된 학습$^{generalized learning}$과 VR과 관련된 몇 가지 관련 연구논문들이 있다. 예를 들어 산토스$^{Santos}$와 에스포소-베탄$^{Esposo-Betan}$은 2018년에 혼합현실과 가상현실, 증강현실의 영향을 보여주는 데 어려움을 설파하는 논문을 집필하였다. 이들은 증거 수집이 왜 그토록 문제가 되는지에 대한 한 가지 이유로 관련 기술이 계속해서 새롭게 발전하기 때문이고, 이러한 기술에 대한 연구자료가 부족하기 때문이라고 설명하였다.

　또 다른 논문에서는 대화형 컴퓨터 기반 게임과 시뮬레이션의 효과에 대해 보고하고 있는데, 이 시뮬레이션은 학습 결과에 통계적으로 유의미한 영향이 있음을 발견했다.[4] 이 메타분석*meta-analysis* 결과, 학습활동이 가상 환경에서 실제 환경으로 유지 또는 이전되는 과정에서 VR 기반 교육의 효과를 체계적으로 분석한 증거는 거의 없었다고 설명한다.

# 기회들
*Opportunities*

그리 멀지 않은 과거만 하더라도 엄격한 전통주의자들은 전자책과 전자논문을 공상적인 것으로 여겼다. 그러나 이제 디지털 미디어 자원*digital media resources* 없이 교육을 상상하는 것은 거의 불가능해졌다. 이와 같이 VR은 교육에 혁명을 일으키고 있다. 우리는 다음 세대에게 "우리 때 학생들은 본질적으로 겨자색의 창문 없는 교실 안에 갇혀 있어야 했고, 유일한 교육 수단으로 몇 시간 동안 사람들의 말을 들어야 했다"라는 이야기를 할지도 모르겠다.

강의 기반 수업*lecture-based instructions*의 또 다른 문제는 개념 이해를 방해하는 생소한 전문 용어를 사용한다는 데 있다. 강의에는 새로운 개념을 소개하는 것 외에도 강의를 더욱 복잡하게 만드는 전문 용어가 포함된다. 학생들은 수업의 개념을 연관시킬 수 있는 개인적인 경험과 관련 없는 이 추상적인 아이디어를 설명하는 익숙하지 않은 단어들을 접하게 된다. 그러나 이와 대조적으로,

학생들은 VR를 활용하여 실제 경험을 비교 가능한 학업 경험으로 즉시 변환하여 학업 수업/개념*academic lesson/concept*이 현실적이고 개인화되고 기억에 남는 경험과 연관지을 수 있다. VR을 사용하면 시각적으로 놀라운 첫인상을 줄 수 있는데 이는 학습자의 참여를 유지하는 데 필수적인 것으로, 제한 없는 놀라운 설정을 허용하게 된다.

VR은 교실 외부의 지정된 도서관 공간에서 VR 헤드기어와 정보 활용 프로그램을 수용하는 플립형 교실 커리큘럼*flipped-classroom curriculum*을 활용하는 방법에서도 유리할 수 있다. 학생들은 자신이 편한 시간에 프로그램에 접근할 수 있다. 이상적으로 학생들은 의무적으로 예정된 도서관 워크숍이 아닌, 학습이 가능한 시간에 프로그램을 이용한다. 나는 도서관 워크숍을 진행하는 동안 깨어 있기 위해 고군분투하는 졸린 학생들을 많이 보아왔다. 교실을 뒤집으면 학생들이 완전히 깨어 있을 때 학습 프로그램을 시작할 수 있다. 나는 아침형 인간이 아니기 때문에, 대부분의 도서관 워크숍이 예정되어 있는 이른 아침 세션에서는 가장 최선의 방법으로 배우지 못했다.

학생들이 프로그램에 접근할 수 있는 시기와 장소에 관계없이 이 프로젝트의 학습 목표는 VR 기술이 추가된 경우에도 기존 정보활용능력 수업의 목표와 유사하다. 학습 목표를 모두 달성했을 때, 이 프로젝트 참가자는 다음의 일들을 수행할 수 있다.

- 필요한 정보를 식별할 수 있다.
- 식별된 정보 요구 사항을 기반으로 적절한 질문을 구체화할 수 있다.
- 요구를 평가하고 원하는 결과를 얻기 위해 신뢰할 수 있는 정보원*credible information sources*(이 경우 상식)을 사용할 수 있다.

교실을 뒤집을 수 있는 것 외에도 VR 기반 수업의 또 다른 이점이 있다. VR은 새로운 세계를 개발하고, 개인화된 시나리오를 생성할 수 있는 놀라운 기회를 제공하는데, 이는 도서관 교육에서도 유례가 없는 기회가 될 것이다. VR은 더 새롭고 화려할 뿐만 아니라 단순히 엔터테인먼트 목적으로 하는 게임보다 더 매력적이다. VR은 학생들에게 물리적 경계를 허물고, 미지의 세계를 탐험할 수 있는 기회를 제공한다. 사서는 실제 상황*real-life situations*을 만들 수 있고 눈부신 미래 환경을 제시할 수 있다. 가능성은 무한하다.

VR을 통해 강사들은 학생들이 친숙하고 공감할 수 있는 문제를 만들 수 있다. 친구들과 교수들에게 어떤 평가를 받을까 걱정하지 않고, 시간제한도 없고 잘못된 선택도 할 수 있는 안전한 공간인 것이다. 그라시안*Grassian*과 트루먼*Trueman*은 다음과 같이 이야기한다. "학생들은 온라인 게임과 VR이라는 친숙하고 편안한 학습환경에 참여할 때 탐구하고 실수하더라도 금세 수정하고 창의적이고 혁신적인 해결책을 제시한다. 가장 중요한 것은 이론을 실천함으로써 배운다는 점이다."[5] 세컨드 라이프*Second Life*는 온라인 가상세계를 만드는 데 이용된 기술의 초기 버전이었는데, 현재 VR 프로그램에도 동일한 원칙이 적용된다.

가장 칭찬할 만한 이점은 VR을 통해 학생들은 설교를 듣고 있다는 느낌 없이 지식을 전달받을 수 있다는 것이다. 따라서 나는 VR을 사용하여 앞서 언급한 문제를 해결할 것을 제안한다. 내 프로젝트는 학습 목표를 더 쉽게 이해하고 학생의 학습과 유지를 개선하기 위해, 기존의 일상적이고 전문용어로 가득 찬 강의 기반 접근방식을 친숙하게 인식할 수 있는 실제 시뮬레이션으로 구성된 동적 VR 모듈*dynamic VR modules*로 대체한다. 다음의 격언은 이런 이슈들을 완벽하게 요약한 말이다. "들었지만, 잊어버렸다. 그러나 이해했기에 기억하고 있고, 직접 해봤기에 이해하고 있다*I hear, I forget. I see. I remember. I do. I understand*."

이 VR 프로젝트는 정보활용능력이 과제 수행에 국한되지 않고 일상생활에서도 유용하다는 것이다. 학생들은 현실적이면서도 환상적인 미래 시나리오에 놓이게 되는데, 진실과 거짓을 분별해야 하는 다소 혼란스러운 상황이 주어진다. 이 프로젝트는 본질적으로 학생들이 자신의 연역적 추론 기술을 학문적 추구*academic pursuits*로 전환하는 방법을 이해하기 위해, 가짜 혹은 신뢰할 수 없는 정보와 안전하고도 합리적인 대안을 구별하는 데 필요한 인지적 도구*cognitive tools*를 소유하고 있음을 보여준다.

내가 이 VR 제안서를 작성하는 원칙은 의미 있는 학습을 달성하기 위해 학생들이 '수업 내용을 실제 생활에 적용함으로써 진실로 이해할 수 있다'라는 나의 믿음에 기초하고 있다. 실제 상황을 적용하면 수업을 쉽게 식별할 수 있고, 결과적으로 더 의미 있는 수업이 될 수 있다고 가정한다. 불행하게도 매일 학생들에게 폭격을 가하는 가짜 뉴스의 양은 증가하고 있다. 그러나 다행히 학생들은 이미 가짜 뉴스와 실제 뉴스를 구별할 수 있는 직관적인 능력을 갖추고 있다. 내 프로젝트는 학생들이 평가할 수 있도록 스놉스$^{Snopes}$에서 가져온 가짜 뉴스 시나리오나 인터넷에 떠도는 이야기를 실제 사례로 활용한다. 이들은 친숙한 실제 시나리오에 기반한 연습문제들이다. 모든 가짜 뉴스 시나리오에는 명확한 '참' 또는 '거짓'이라는 정답이 있는 것이 아니라 복합적 이면이 있다. 이는 미묘한 비판적 평가가 필요한 실생활의 상황과 닮았다. 나는 우리 교육을 익숙하지 않은 전문 용어로 가득 채운 구식의 강의 기반 형식으로 제한할 필요가 없다고 주장한다. VR은 학생들에게 이미 소유하고 있는 직관적인 지식을 활용할 수 있는 기회를 제공한다.

# 이용자 경험
*User Experience*

나는 학생들에게 친숙한 VR과 관련된 실제 시나리오를 많이 고안하여 이들이 접하는 두 시나리오 중에서 하나를 현명하게 선택할 수 있도록 한다. 이러한 시나리오는 올바른(안전한) 선택이 너무나도 명확하기 때문에 강의가 필요하지 않다. 여기 한 가지 예가 있다. 이용자는 낯선 사람과 관련된 두 번의 만남이 제공될 때, 가장 신뢰할 수 있는 옵션을 선택할 수 있는 권한이 주어진다.

**옵션 1.** 나이트클럽에 있는 동안 한 번도 본 적이 없는 수상하고도 낯선 사람이 나에게 술을 권한다.

**옵션 2.** 의료진에 둘러싸여 병상에 누워 있는 동안 한 번도 만난 적이 없는 응급실 간호사가 물과 알약을 나에게 준다.

이 두 가지 시나리오는 상황을 평가하고 신뢰할 수 있는 출처를 결정하고 각 상황에서 사용한 '상식적' 사고 프로세스를 설명하는 두 가지 시나리오에 불과하다. 이것은 정보활용능력을 갖추는 데도 동일하게 필요한 기술이다. 나이트클럽에 있는 수상하고도 낯선 사람은 온라인에서 알 수 없는 정보 제공자와 같은 유형의 문제를 의미한다. 반대로, 병원 응급실 간호사에 대한 신뢰성은 학계의 학술자료에 대해 신뢰할 수 있는 전문성을 상징한다.

나이트클럽 단계가 끝나면, 학생들은 웜홀 효과*wormhole effects*를 통해 비행하여 다음 단계로 진급한다. 다음 단계에서 학생들은 또 다른 현명한 선택을 하고 실제 뉴스 보도와 허위 계정 혹은 가짜 뉴스를 구분해야 한다. 선택에 따라 이용자는 '참*true*'으로 표시된 3D 형태의 5점 별 위로 이동하게 된다. '가짜 뉴스'를 선택한다면 '가짜*fake*'라고 표시한 불타는 쓰레기통에 미끄러지게 된다. 이 복잡성은 모호한 가상 선택이 제공된다는 사실에서 비롯된다. 왜냐하면 현실에서는 무언가가 모두 참도 아니고 전부 거짓도 아닌 경우가 있기 때문이다. 갈릴레오는 이 사실을 훌륭하게 표현했다. "당신은 아무도 가르칠 수 없다. 당신은 단지 그들 스스로가 그들 안에 있는 것들을 찾도록 도울 수 있을 뿐이다."

# 실행 계획

*Logistics*

가상현실에서 친숙한 실제 시나리오를 만드는 것에는 많은 비용이 필요하다. 나는 내가 제안한 내용을 실현하기 위해서 5만 달러에서 50만 달러에 이르는 비용이 필요하다는 견적을 받았다. 프로젝트는 개발자들에 의해 제공된 비용 절감 방법을 사용하여 비용을 많이 줄인 이후에도 여전히 비용은 많이 든다. 예를 들어 한 공급업체(벤더)는 VR 내부 혹은 광고판(옥외광고)이나 나이트클럽에 제품을 배치할 것을 제안했다. 아이디어는 흥미롭지만, 도서관 재정 후원자들은 아마도 VR 내에 제품을 배치하는 것을 허락하지 않을 것이다.

다양한 벤더(공급업체)들은 보다 더 입맛에 맞는 비용 절감 방법을 제안했다. 한 공급업체는 3D 애니메이션 캐릭터(예: 수상한 나이트클럽 캐릭터)를 만들면 가격이 오르겠지만, 두 낯선 사람 사이에서 원하는 동일한 경험을 얻을 수 있는 다른 창의적인 방법이 있다고 제안했다. 비용 문제는 제외하고서라도 완전히 다른 두 장면을 갖고 있는 것은 일종의 낭비이며, '게임 플레이'의 관점에서 보면 약간 분리되어 있는 것이며, 두 가지 선택을 모두 포함하지만 단일 설정에서의 시나리오가 비용 면에서 더 효율적일 수도 있다고 설명하였다.

비용을 줄이기 위해 그래픽의 품질이나 충실도를 줄이자는 또 다른 제안은 결코 선택사항이 될 수 없다. 저품질 이미지를 생성하는 것은 몰입형 VR 기술을 사용하는 목적을 무효화시키는 것이기 때문이다. '대신'이라기보다 효과적인 개발 '대안'을 선택한다는 것은 경험의 '깊이'를 조정하는 것일 수 있다. 깊이는 환경의 다양성 또는 웅장함을 의미한다. 각 장면에 더 많은 요소가 추가되면 게임 플레이가 더 깊어진다. 예를 들어 360도 비디오를 사용하는 것은 나이트클럽 시나리오에서 더 저렴한 옵션이 될 수 있다. 이용자는 스스로 둘러보면서 볼 수 있는 멋진 애니메이션을 생각해 볼 수 있다.

또 다른 비용 절감 방법으로는 배경이나 시나리오에서 장소의 수를 줄이는 것이다. 더 비싼 오큘러스 리프트나 HTC 바이브 헤드기어 대신 구글 카드보드를 학생의 개개인 휴대폰과 함께 사용하는 방법도 비용 절감의 대안이 될 수 있다. 나의 고용주인 스탠포드대학 도서관들*Stanford University Libraries*은 각각 도서관 필수 수업의 학생 수에 맞게 15개의 구글 카드보드 헤드셋을 쉽게 구입할 수 있었다. 나는 VR 경험을 프로젝트에 반영하기 위해, 스탠포드대학 학부생들을 활용하는 것을 고려하고 있었다. 그러나 불행히도 대학생들을 활용하는 것은 분기별 학사 일정의 제약으로 실행 가능한 옵션이 되지 못했다.

비용 외에 다른 고려 사항들이 있다. 이 기술 자체는 VR에서 저크 동작*jerking movements*(경련 동작)에 민감한 학생들에게 역효과를 줄 수 있다. 헤드기어를 사용하는 동안 이용자가 느끼는 불편함을 줄이기 위한 특별한 고려가 필요하다. 세심한 설계 과정을 통해 멀미를 유발하거나 이용자가 불편함을 느끼는 요소를 제거할 수 있다는 확신이 들었다. 몇몇 소수의 공급업체는 다양성을 추가하고 멀미를 예방하며 비용을 절약하기 위한 방법으로 하이브리드 현실*HR, Hybrid Reality* 또는 혼합현실의 구성 요소를 통합하도록 권장했다. 하이브리드 현실은 이용자가 (실제) 물리적 객체와 (가상) 디지털 객체와 상호작용할 수 있는 환경을 생성하기 위해 통합되는 애니메이션과 실사 기능*live-action features*과의 조합을 말한다.

# 무한 도서관
## THE INFINITY LIBRARY

이전 섹션에서는 VR 프로그램에 대한 전반적인 개념과 서비스의 정당성에 대해 설명했다. 지금부터는 공급업체와 논의한 자세한 계획들의 개요를 소개하고자 한다. 실제로 제작의 첫 번째 단계는 게임 디자인 문서<sup>Game Design Document, GDD</sup>를 만드는 것이다. 이는 비디오를 제작하기 전에 스토리보드<sup>storyboard</sup>를 만드는 것과 같다. VR 셋팅은 현란하고 몰입감이 있으며 미래적이다. 학생들은 스택 행<sup>rows of stacks</sup>의 복제본을 포함하여, 실제 스탠포드대학 도서관의 3D 버전으로 걸어 들어가는 것을 기대할 것이라고 가정하는 것이 적합할 것이다. 하지만 그렇지 않다! 세팅<sup>setting</sup>은 마법 같은 사실주의<sup>magical realism</sup>와 결합한 실제 도서관의 독특한 세부사항을 사용한다. 마케팅과 브랜딩 목적을 위해 판타지 세계로 들어가는 입구는 스탠포드대학의 상징적인 입구 그대로 가상 복제본<sup>virtual replica</sup>을 통해 웅장한 계단을 올라가게 될 것이다.

이용자가 재창조한 대계단을 올라가면, 기존 물리적 형태의 도서관 시뮬레이션이 끝나고 놀랍고도 새로운 도서관의 세계가 나타난다. 이제 모든 것이 다르게 보이고 물리 법칙*laws of physics*이 적용되지 않는다. 복도는 불가능한 각도로 나타난다. 사서는 휴머노이드*humanoid* 형태가 아니라 사서–봇*librarian-bot*의 형태로 둥둥 떠다니고, 맥동하고, 빛나는 구체 모양으로 구체화된다. 사서–봇의 기능은 각 시나리오의 목표와 지침을 설명하는 것이다. 사서–봇은 모든 가능성이 발생할 수 있는 무한 도서관에서 이용자를 환영하며, 이용자가 보고 있는 것들을 판단하고 안내한다. 이러한 안내 이미지는 이용자가 보고 있는 모든 것에 대한 궁금증, 다가오는 도전이나 시나리오에 대해 올바른 마음가짐을 갖도록 설명한다. 또한, 무한 도서관 내부에서는 현실 세계에서 불가능한 것도 가능하지만, 이 도서관은 실제 도서관처럼 작동하지 않는다는 사실도 밝혀질 것이다.

사서–봇은 이용 가능한 선택과 반영*reflection*이라는 구성 요소를 통해 이용자를 안내한다. 사서–봇은 이용자의 반영을 측정하고 이용자가 경험에서 무엇을 느꼈는지 실시간으로 확인한다. 반영 요소는 원하는 수업을 배웠는지 확인한다. 반영 결과가 만족스럽지 않은 경우, 요점을 더 명확하게 하기 위해 추가 프롬프트*prompts*가 표시될 수 있다. 이용자 피드백을 기초하여 미리 설정해 놓은 변수*preset variables*를 변경하여 상황을 동적으로 더 어렵게 만들 수 있다. 또 다른 대안으로, 이용자가 어려움을 겪고 있는 경우 복잡한 수준<sup>complexity level</sup>을 줄일 수 있다.

사서–봇은 이용자를 각 모듈로 이동시키는 홀로그램 이미지를 투사한다. 이용자는 다양한 시나리오 중에서 '현명하게 선택'해야 하는 단순 선택 이용자 인터페이스<sup>simple-choice user interface, UI</sup>를 탐색한다. 이용자는 시나리오가 도서관과 정보 세계 사이를 오가며 멋진 '웜홀' 전환 효과<sup>transition effect</sup>를 경험하게 된다.

VR에서는 물리적 세계의 법칙이 적용되지 않기 때문에 학생들은 문자 그대로 그리고 은유적으로 자유롭게 날고 있다. 모듈은 행동지향적이고 프로세스 중심의 프롬프트를 통해 이용자를 가이드한다. 이용자는 다음 레벨로 진행하기 위해 각 모듈을 성공적으로 완료해야 한다. 학생들은 오답에 대해 벌점을 받고, 정답에 대해서는 보상을 받게 된다. 올바르게 설계된 경우, 연습문제는 교육적일 뿐만 아니라 재미도 있어야 한다.

전체 평가<sup>overall assessemnt</sup>의 상당 부분은 이 프로젝트의 혁신과 독창성이 포함된다. 관련 선행연구 분석에 따르면, 교육에 이러한 몰입형 VR 기술을 사용하는 실험을 시도한 도서관은 전혀 없다. 이 사실은 이 프로젝트를 매우 획기적인 것으로 만드는 한 가지 측면일 뿐이다. 나는 노트르담대학에서 세컨드 라이프 프로그램을 사용하여 VR 프로젝트와 유사한 도서관 교육 프로젝트를 성공적으로 이끌어 낸 적이 있다. 내 책『Cybrarian Extraordinaire』에는 이 프로젝트에 대한 학생 평가뿐만 아니라 특정 활동에 대해 자세히 소개하고 있다. 나의 세컨드 라이프 활동에 대한 아카이브 비디오 영상은 유튜브에서 볼 수 있다. Scholarly vs Popular Journal Rack(학자 대 인기 저널 랙) 활동의 제목은 '소피아의 마지막 날-7부Sophia's Last Day-Part 7'이고, 메이즈Maze는 '소피아의 마지막 날-5부 Sophia's Last Day-Part 5'이다.

2014년 기사에 따르면, 유치원부터 대학까지 학생들을 대상으로 VR을 가르치는 데 점점 더 많은 시간과 돈이 투자되고 있다.[6] 따라서 많은 K-12학생들(초·중·고등학생)이 수업시간에 VR을 경험하고 있으며, 대학에 들어갈 무렵에는 VR 기술을 사용하여 동일한 수준의 대화형 교육을 기대할 수 있다. 미래의 일이 바로 지금 일어나고 있다.

머지않아, VR은 모든 교육 도구상자에서 중요한 도구가 될 것이다. 도서관은 이러한 상황의 선봉에 있어야 한다. 이러한 유형의 VR 교육 사업은 정보활용능력 수업을 위해 사서직에서 시도된 적이 없었다. 실리콘밸리에 위치한 스탠포드대학 사람들은 도서관이 교육의 선구자가 되기를 기대한다. VR 프로젝트는 우리를 가상적이고 궁극적인 도서관 미래로 이끄는 진정한 전위적 접근방식을 창조할 것이다.

스탠포드대학에는 이미 혁신적인 VHIL Virtual Human Interaction Lab이 있다. 분명히 이들 실험실(랩) 프로젝트 영역 중 하나는 '몰입형 VR에서의 학습'에 관한 것이다. 2017년에 스탠포드대학은 캠퍼스 전체에 걸쳐 전략적으로 장기 계획 프로세스를 시작했다. 이 제안은 대학 커뮤니티 구성원들이 제출한 2,800개 이상의 스탠포드대학의 미래를 위해 제안한 아이디어 중 하나였다. 대학은 제안서를 중요 주제별로 분리할 것이라고 발표했다. 대학에 제출된 제안들을 통합하여 강화하는 임무를 맡은 4개의 운영 분과가 있었다. 2018년 2월 23일, 교육 운영 분과*Education Steering Group*는 교수진 상원에 의견을 발표하고, 제안의 방향은 교실 혁신을 촉진하는 데 중점을 두고 있다고 설명했다. "제안서 중 많은 부분이 스탠포드대학이 교육/학습을 위한 최선의 방법을 이해하는 데 있어 세계 리더가 되어야 한다는 것이다. 이를 위해서는 과감한 조치를 취하고 교육프로그램을 다르게 접근해야 한다"고 언급하였다. 나의 VR에 대한 제안은 확실히 대담하고, 분명히 교육에 대한 다른 사고방식이다. 가장 중요한 것은 이 프로젝트가 교육에 대한 획기적인 접근방식을 보여줄 수 있다는 점이다. 많은 부분에서 점점 더 유비쿼터스해지는 이 기술은 교직의 대담한 선구자들에 의해 계속 탐구되기를 기다리고 있다.

# 결론
*Conclusion*

수업에 대한 나의 주요 접근방식은 학생들이 자신의 내면에 이미 연구활동을 위한 필요한 지식과 기본 기술을 가지고 있음을 깨닫도록 돕는 것이다. 수업에서 데이터베이스$^{DB}$나 목록$^{catalogs}$은 또 다른 웹사이트일 뿐이라고 설명한다.

학생들은 매일, 때로는 하루 종일 웹사이트를 이용하고 있음을 인정한다! 이들은 일반적으로 새로운 웹사이트를 사용하는 방법에 대한 수업을 듣지 않고서도 새로운 웹사이트를 성공적으로 탐색한다. 학생들은 자신들이 접하는 새로운 정보를 처리하는 방법을 직관적으로 이해하기 때문에, 그것을 이해할 수 있는 것이다. 나는 강사의 역할이 단순히 학습자가 연구에 필요한 기본 기술을 이미 갖추고 있음을 가르치는 것이라고 단호하게 주장한다.

나는 내 학생들을 절대 가르치지 않는다. 나는 학생들이 배울
수 있는 조건을 제공하려고 노력할 뿐이다.

– 알버트 아인슈타인


나는 아인슈타인의 말에 전적으로 동의한다. 나는 나 자신이
초보 여행자를 위한 낙천적인 안내자라고 생각하며, 학생들이 충
분히 연구 지식을 얻고 평생학습자가 되는 길을 혼자서 계속 걸
어나갈 수 있는 준비가 될 때까지 정보탐색 여행에 동행할 것이
다. 나는 학생들이 알지 못하는 것, '미지'를 '아는 것'으로 만들 수
있는 '도구들'을 가지고 학생들에게 힘을 실어줄 것이다.

끝으로, 나는 영화 〈오즈의 마법사〉에서 도로시가 풍선을
타고 집으로 가는 것을 그리워하는 그 장면을 예로 들고 싶다.
도로시는 완전히 혼란스러워서 집으로 결코 돌아가지 못할 것이
라는 두려움에 울부짖는다. 이 시점에서 착한 마녀 글린다*Glinda*는
붉은 루비색 슬리퍼를 신은 도로시에게 집에 돌아갈 수 있는 힘
은 자신에게 있다는 사실을 강조한다. 도로시는 이 힘을 스스로
발견하기만 하면 되었다.

우리는 의심이 들 때마다 자신의 내면에서 답을 찾기만 하면
된다. 우리는 우리가 생각하는 것보다 더 강력하다. 이것은 정보
문해력 교육(계몽)의 길 위에 있는 여행자들에게도 동일하게 중요
한 메시지가 될 것이다. 따라서 이 자기 발견 개념*self discovery concept*을
VR 프로그램에 적용하면 다음과 같다.

- 도로시는 도서관 이용자를 상징한다.
- 착한 마녀 글린다는 자연스럽게 사서를 상징한다.
- 열기구는 전통적인 교실 강의식 워크숍을 상징한다.
- 빨간색 루비 슬리퍼는 이용자들이 이미 그리고 항상 가지고 있는 '상식'을 나타낸다.

사서는 이용자에게 이 점을 지적하고 상기시키기만 하면 된다. 그때 비로소 전통적인 교실 워크숍이 없더라도, 이 시간 내내 정보활용능력을 갖고 있다는 점을 마침내 이해할 수 있을 것이다. 학생들이 정보의 세계를 탐색할 때, 이들은 비판적 평가에 대해 자신이 찾는 답을 내면에서 찾기만 하면 된다. 사서로서의 우리 임무는 가상현실뿐만 아니라 실생활에서도 자신이 생각하는 것보다 학생들 자신이 훨씬 더 강력하다는 이 지식으로 이들을 안내하는 것이다.

# 8장

# 도서관에서 증강현실: 보안 우선 구현 전략

Augmented Reality in the Library:
Pivoting toward a Security-First
Implementation Strategy

브리짓 벨*Brigitte Bell*, 테리 코트렐*Terry Cottrell*

증강현실<sup>AR</sup>이 도서관 기술이 될 것이라는 예측은 이제 사실로 입증되었다. AR를 구현하기 위한 성공적인 모델이 구축되었기에 도서관은 이제 가격, 이용자 요구사항, 사이버 보안 위협 등을 고려할 수 있게 되었고, 이로써 AR 기술에 투자할지의 여부와 방법을 더 쉽게 결정할 수 있게 되었다. AR 기술이 발전하고 더 널리 보급됨에 따라 도서관 이용자와 AR 콘텐츠 사이의 상호작용과 함께 심각한 윤리적 문제, 안전과 건강에 대한 고려사항에 초점이 맞춰지게 되었다. 이러한 상호작용은 혁신적 경험과 새로운 가능성에 관심이 맞춰왔던 것에서 정보 프라이버시, 안전과 보안을 포함하는 불가분의 하이브리드 발견으로 관심의 초점이 이동하게 되었다.

문제는 보안과 AR 기술에 대한 접근 사이에 명확한 이분법이 존재하는지, 아니면 행복한 중간지대가 있을 수 있는지의 여부이다. 우리는 중간 지점이 바람직하다고 논쟁하지만, 보안과 접근 사이에 적절한 균형이 필요할 것 같다. 아마도 앞으로는 무제한 이용자 접근을 활성화하는 것보다 공격을 방지하는 데 더 중점을 둘지도 모른다. 8장에서는 도서관이 이용자에게 AR 경험을 제공하는 동시에 이용자의 개인정보와 보안을 적절하게 보호하는 방법에 대해 설명하고자 한다.

# 도서관에서의 증강현실: 과거와 현재

Augmented Reality in the Library: Past and Present

AR 기술은 도서관을 이용자가 자료에 접근할 수 있는 단순한 시설에서 역동적인 상호작용과 경험을 위한 혁신적인 공간으로 변화시키는 데 중요한 역할을 수행했다. 도서관은 전통적으로 자기 발견*self-discovery*과 자기 시각화*self-visualization*를 가능하게 하는 선별된 정보 자원을 통해 탐색과 교육을 위한 공간으로 이용자들을 끌어들이려 노력했다. 하지만 AR 도서관 구현은 이용자가 이들의 상상력에 덜 의존하게 하는 시각화를 통해 자기 발견을 혼합한 자료를 활용하도록 권장하게 되었다. 이 AR은 이용자들에게 인간 역사에서 유례없는 경험을 제공하고, 감각을 완전히 장악할 정도로 높은 몰입감을 제공한다. 확실히 AR 기술은 도서관의 판도를 바꿔 놓았으며, 이는 도서관만큼이나 독특하고 다양한 특징으로 나타난다.

역사적으로, 최근 도서관에서 이용자에게 제공한 기술 중 VR

과 가장 가까운 기술은 데이터베이스 내에서 스캔한 문서를 표시하는 것이다. 더 오래된 기술로는 마이크로필름과 마이크로피시 미디어이다. 이러한 기술을 통해 인쇄 미디어가 이용자의 손에 어떤 느낌을 주는지 시뮬레이션하지 않고서도 '실제' 제품의 모습을 맛볼 수 있었다. 물론, 이러한 오래된 기술의 장점에는 훨씬 더 작은 물리적 공간에 더 많은 양의 정보를 저장할 수 있는 능력이 포함된다. 그러나 빠른 검색을 만족시키는 능력은 인터넷 기술이 이 욕망을 충족시키기 이전에도 도서관 이용자들의 마음에 항상 존재해 왔던 것이다.

구글 알고리즘에 의해 확산된 전체 인터넷 탐색 방법whole-internet searching의 개발은 이용자에게 동시에 여러 정보 소스를 검색할 수 있는 기능을 제공함으로써 이 요구를 완전히 충족시켰다. 이것은 여러 줄의 책장을 내려다보는 것과 같은 과정(그리고 모든 제목과 저자를 읽을 수 있음)으로 각 선반을 한 번에 한 행씩 그리고 한 제목씩 살펴봐야 하는 대신 모두 한 번에 읽을 수 있게 해주었다.

파일 캐비닛file cabinet의 증강된 버전으로 데이터베이스의 개발은 궁극적으로 이용자가 과거의 검색 방법의 시점을 훨씬 넘어서 현재 얼마나 확대되었는지 인식하지 못하는 지점까지의 정보 접근을 가능하게 해준 것이다. 하지만 이용자들은 오늘날 '파일 캐비닛'의 크기를 정확히 알지 못한다. 대부분의 이용자는 이러한 의미에 대해 무관심하다. 이들은 이 느낌이 실제 경험에서 비롯된 것인지 그 여부와 관계없이 즉시 검색할 수 있는 완전한 능력을 가지고 있는 것처럼 '느끼고 싶어' 한다. 예를 들면, 딥웹[Deep web]의 존재와 성장은 대부분의 인터넷 이용자들에게 일반적으로 알려져 있지 않다.[1] 이용자는 인기 있는 검색 엔진에서 보여준 결과를 전체 인터넷의 총결과로 받아들이도록 훈련되었거나, 무의식적으로 스스로를 훈련했다. "나는 웹에 있는 모든 것을 경험하고 있는가? 구글이나 빙[Bing]의 단일 인터페이스를 사용하여 찾을 수 없는 것은 무엇일까?"라고 절대 묻지 않는다. 도서관 이용자는 건물 전체 스택[entire stack of a building]을 물리적으로 걷거나, 얼마나 많은 정보를 보유하고 있는지에 대한 진정한 이해를 얻기 위해 도서관 전체 공간에 족적[footprinting]을 남긴다. 그러나 데이터베이스의 출현과 함께 정보를 찾는 사람들은 자신이 파악한 정보의 범위를 측정하는 데 한계를 경험하게 되었다. 인터넷과 다크 웹에 족적을 남길 수 있는 능력은 없어도, 이용자는 기술 세트[skill set]와 컴퓨터 네트워크[computer networks]에 대한 기술교육 수준에 따라 다른 버전의 현실[diffrent viersion of reality]을 보게 된다.

더욱 기민한 정보추구자[information-seeking users]는 딥웹 콘텐츠에 접근하기 위해 브라우저를 TOR 브라우저[TOR browser]로 전환했다. AR 기술을 구동하는 데이터 싱크[data sinks]가 얼마나 큰지를 더 많이 인식할수록, 실제로 몇 가지 뚜렷한 이점이 있다. 국토안보부의 사이버 보안 직업과 연구를 위한 국가 이니셔티브[National Initiative for Cybersecurity Careers and Studies], 수많은 대학 프로그램, SANS 기관, EC 이사회 및 여타 다른 기관들에서 시행하고 있는 사이버보안 교육은 다크 웹에 대한 지식과 인터넷이 어떻게 작동하고 있으며, 모든 수단(AR이 가장 발전된 기술 중 하나임)을 통하여 다양한 네트워크 타입(유형)이 어떻게 정보를 제공하는지에 대한 전반적인 이해를 제공한다. 이 운동*movement*은 도서관을 제외하기보다 9·11테러 이후, 도서관이 개인정보 보호를 강화하고 정보 자료에 대한 이용자 경험을 보호하기 위해 이용자 대출 기록 보존을 변경했을 때 자동으로 포함되었다. 도서관이 이 영역에서 행동하기 시작하자, 도서관은 현실세계와 가상세계 모두에서 정보 보안, 인터넷 개인정보 보호 및 ID 관리의 선구자로서 중요한 단계를 밟게 되었다. AR 기술은 17년 전에 도서관이 처음으로 직면한 "특정 AR 시스템 내에서 개인 또는 그룹의 가상 ID를 생성(또는 도용)하는 제3자의 행위를 줄이기 위해 이용자의 ID와 정보추구 활동을 어떻게 비공개로 만들 수 있을까?"에 대한 문제를 아직 진정으로 해결하지 못했다. AR 기술이 정보 발견이라는 새로운 측면의 문을 여는 흥미로운 수단으로 채택되었을 때, 물리적으로 실제하는 도서관을 이용하는 이용자가 AR 기술을 안전하게 받아들일 수 있을까?

# 새로운 경험의 관문으로서의
# 공공도서관 증강현실

*Public libraries Augmented Reality as a Gateway to New Experience*

공공도서관은 이제 오큘러스 리프트와 같은 웨어러블$^{werable}$ AR 기술을 통해 이용자들에게 다른 어느 곳에서도 볼 수 없는 몰입형 경험을 제공할 수 있다. 공공도서관 영역에서, 이용자 그룹은 AR 을 실제 생활에 통합하는 다양한 능력을 갖고 있다. 일부 공공도서관 이용자는 AR 도구와 기술을 구입할 여유가 있으며 일상 경험의 한 부분으로 휴대전화와 태블릿을 사용할 수 있는 기회가 점점 더 많아질 것으로 기대하고 있다. 공항과 기차역에서는 이제 휴대폰, 노트북, 태블릿을 위한 급속 충전소를 제공하고 있다. 영화관과 콘서트장은 모바일 디바이스를 통해 티켓을 구매하고 스캔할 수 있는 옵션을 제공한다. 이러한 유형의 서비스에 익숙한 부유한 도서관 이용자는 공공도서관 공간에서도 이와 유사한 서비스를 기대하게 될 것이다.

다른 공공도서관 이용자에게 AR과 같은 가상 기술들은 훨씬 더 새로운 것이다. 이런 이용자는 AR 기술이 존재하는지 혹은 도서관이 이용자에게 '가상세계의 촉매제로 물리적 세계를 사용하는 것을 목표로 하는 정보의 신세계'를 소개할 수 있다는 사실을 거의 혹은 전혀 알지 못한다. 점점 더 많은 공공도서관이 혁신적이고도 새로운 형태의 기술을 통해 이용자에게 흥미롭고 몰입감 높은 경험을 제공하는 데 있어, 외부 시장*external market*과 보조를 맞출 것으로 기대된다. 공공도서관의 새로운 AR 통합과 함께, 이용자들은 이 익숙한 목적을 위해 도서관에 와서 무엇이 가능한지에 대한 새로운 이해를 가지게 될 것이다. 왜냐하면 이들 도서관이 패러다임 전환*paradigm shift*을 수용하는 길로 이끌 것이기 때문이다. 실제로 공공도서관 이용자 입장에서는 가능성이 무한하므로 모든 공공도서관에 AR을 통합해야 할 필요성은 점점 더 분명해지고 있다.

　이러한 기술은 이용자에게 절대적으로 안전한가? 위험 요소는 무엇인가? 오큘러스나 다른 업체가 제공한 디바이스와 같이 AR 구현을 고려하는 기관들은 높이 또는 소리와 관련된 잠재적 공포를 개인에게 노출할 위험이 있다. 심지어 발작 위험*seizure risk*은 항상 존재하며, 실신 또는 현기증으로 인한 부상도 있다.[2] 헤드 마운트 디스플레이*HMD*는 균형 문제를 가지고 있는 노인의 안정적인 자세 능력에 부정적인 영향을 미친다는 것은 경험적으로 드러났다.[3] 심리적 이점이나 위험에 대해 안정적인 것으로 평가되고 있는 AR 시스템은 현재 존재하지 않는다. 이용자가 AR 구현에 '중독'되면 어떻게 될까? 개인이 매일 그것을 사용하는 데 얼마나 많은 시간을 할당해야 하는가? 이러한 사용 시간제한은 연령대에 따라 달리 설정되어야 하는가? 이에 답할 모범 사례는 아직 없다.

# 대학도서관:
# 연구와 발견에 있어 증강현실
*Academic Libraries: Augmented Reality in Research and Discovery*

대학도서관은 공공도서관보다 모바일 기기를 사용하는 이용자의 비율이 높기 때문에 이러한 첨단기술을 가진 개인의 요구를 충족시키기 위한 전략도 다를 수밖에 없다. 대부분의 대학생은 기본적인 AR 상호작용이 가능한 모바일 장치를 하나 이상 소지하고 있다. 공공도서관 이용자는 여가활동에 더 적합한 공공도서관에서 더 많은 AR 관련 활동 혹은 제공물*offerings*을 부여받을 것이다. 반면 대학생들은 AR을 접할 때 재미있고 유용한 어떤 다른 기술을 기대한다. 대학도서관의 핵심은 학습을 지원하고 연구와 발견을 촉진하기 위해 AR 앱의 맞춤화를 모색할 것이다.

　　AR이 원하는 위치(예: 식당, 클럽, 공원)를 찾는 데 매우 도움이 된다면 AR은 본질적으로 발견에 중점을 두게 된다. 여기에서 학술 연구와의 연계가 시작된다. 교수진과 학생이 정보를 '발견'해야 하는 필요에 의해 대학도서관은 실행 전략을 성공시킬 수 있느냐에 초점을 맞추게 된다. 이를 달성할 수 있는 방법에는 여러 가지가 있다. 먼저, AR 앱(응용프로그램)은 관련 콘텐츠로 이끄는 능력에 있어 학생들에게 유용하다. AR 앱은 특히 자연 과학, 건축, 공학, 예비 의학 및 간호 다차원 시각화 프로젝트*multidimensioinal visualization projects*를 위한 새로운 플랫폼을 제공한다.

대학 캠퍼스에서 볼 수 있는 왕따나 괴롭힘은 AR 환경에서 더 빠르게, 그리고 훨씬 더 높은 수준의 익명으로 복제될 수 있다. 따라서 익명의 이용자를 허용하지 않는 것이 좋다. 시스템에서 의도하지 않은 명령을 실행하려는 이용자와 관련된 주입 결함*injection flaws*, 시스템을 처음 설치하고 유지 관리를 제공하는 기술자의 잘못된 보안 구성*poor security configuration*, 불충분한 모니터링*insufficient monitoring*과 같이 AR 시스템 외부에 존재하는 일반적인 사이버 보안 위협*common cybersecurity threats*은 AR 시스템 내에서도 동일하게 발생할 수 있다.[4] 별도로 발표된 AR과 사이버 보안은 네바다주 라스베이거스에서 열린 CES*Consumer Electronics Show* 2018에서 이목을 집중시켰다.[5] AR과 사이버 보안에 대한 폭발적인 관심의 대부분은 모바일 장치 영역에 집중되고, 거의 50억 대에 가까운 스마트폰 중 28%가 여전히 보안을 위한 간단한 화면 잠금 기능이 없는 상태였다. 높은 비율의 대학생들이 매일 기기를 사용하고 있다는 사실을 감안할 때, 대학도서관은 매 순간 잠재적인 AR 보안의 위험과 관련하여 깊은 우려와 어려운 미래를 직면하고 있다.[6]

# 특수도서관: 특수장서의 가치를 증대시키는 것에 있어 증강현실의 역할
## Special Libraries: Augmented Reality's Role in Elevating Special Collections

특수도서관은 이용자 기반이 고도로 타깃팅*targeting*되고 일반적으로 이용자의 요구와 선호도 측면에서 초점이 좁다는 점에서 AR과 함께 가장 독특한 위치에 있다. 이 섹션의 목적을 위해, 대규모 대학도서관에 소속되어 있는 특수도서관보다는 자체적으로 분리된 독립체인 특수도서관에 초점을 맞추는 것이 중요하다. 이러한 특수도서관은 종종 학술도서관의 특성을 취하는 경향이 있기 때문이다. 크기 때문에 이러한 소규모 특수도서관은 종종 상당히 제한된 자원과 예산을 지닌다. 수많은 사례 혹은 사례 연구를 볼 때, 소규모 특수도서관의 이사회에 접근하는 것이 기관에서 AR 활용 작업을 시작하기에 가장 좋은 방법이다.

특수도서관 관리자가 실험에 관심이 있다면 무료로 사용할 수 있는 AR 앱과 개발 플랫폼은 많이 존재한다. 위치 기반 앱은 역사적으로 중요한 객체와 위치 혹은 특수도서관 장서 내의 특정 항목에 강조 표시를 하는 가상 도보여행을 만드는 데 사용할 수 있기에 특히 유용하다. AR 도구의 유용성을 테스트해야 하는 필요성은 있지만, 아직 활용이 저조한 이 기술을 위해 새로 직원을 채용하기는 어렵지만, 콘텐츠 개발을 위한 인턴을 고용하는 것은 좋은 대안이 될 수 있다. AR 시각화 프로젝트가 장서(박물관 및 기록 보관소 도서관의 경우)에 대한 다양한 측면의 보완물이 된다고 간주된다면 다른 기관의 컨설팅이나 방문은 권장될 것이다.

# 실용적인 고려사항:
# 접근, 개인정보 보호 및 보완
*Practical Considerations: Access, Privacy, and Security*

앞장에서는 도서관이 AR 기술에 투자해야 하는지 여부에 대한 기본 지표로서, 예산과 비용 효율성*cost effectiveness*에 중점을 두었다.[7] 이러한 재정적 문제는 최근 AR의 성장과 확장으로 인해 개인정보 보호와 보안 책임자라는 완전히 새로운 문제에서 야기된다. 당연하게도 모든 인터넷 지원 기술과 마찬가지로 개인정보 보호와 윤리적 사용에 대한 우려가 최우선이다.

AR과 관련된 보안 문제는 주로 이용자의 데이터 수집과 관련이 있다. AR기술을 사용하여 개별 이용자의 눈 움직임, 보디랭귀지, 심박수 그리고 감정 반응을 모두 기록할 수 있다.[8] 이 데이터는 어떻게, 어느 정도로 수집되어야 하며 그 목적은 무엇인가? 또한, VR 기술은 이용자의 정확한 위치와 개인 연락처 정보뿐 아니라 은행 계좌, 신용카드 번호 등 저장된 결제 수단을 기록하는 경우가 많다. 어떤 종류의 데이터 침해가 발생하면 이러한 기술을 이용하는 이용자는 위험에 극도로 취약해질 수 있다. 전기전자기술자표준협회*Institute of Electrical and Electronics Engineers Standards Association*의 글로벌 운영 및 지원 프로그램 책임자인 메리 린 닐슨*Mary Lynne Nielsen*은 콘텐츠가 궁극적으로 전달되는 방식과 관련된 추가적인 문제를 언급했다.[9] 이용자의 개인정보에 대한 수집, 사용, 저장에 대한 명백한 우려 외에도 심각한 윤리적 문제가 제기될 수 있다. 이들 콘텐츠에 포함된 내용, 전달방식, 대상 고객에 대한 최종 결정권자가 누구인지에 대해 고려할 필요가 있다.

## 성공적인 구현의 예: 펄스웍스*An Example of Successful Implementation: Pulseworks*

보다 진보적이며 고급 제품 라인을 제공하는 펄스웍스*Pulseworks*는 맞춤형 AR 시뮬레이션 스테이션을 제공하는 회사이다. 이 회사는 다음 5가지 표준 오퍼링*standard offerings*을 제공한다.

- 이동식 플랫폼의 좌석에 앉아 헤드셋을 착용한 이용자와 360도 콘텐츠를 결합하는 VR 전송기*VR transporter*
- 완전히 몰입할 수 있는 360도 비행 시뮬레이터
- 최대 20명의 이용자가 입장할 수 있고 모션 3D와 4D 모션 콘텐츠*motion 3D and 4D motion content*를 결합한 캡슐

- 소규모 설치를 위한 더 작은 8인승 캡슐 버전
- 특히 해저 시뮬레이션을 위한 2인승 잠수함 에디션

시카고의 자연사 박물관*Field Museum of Natural History*에 설치된 VR 트랜스포터 플랫폼*VR transporter platform*은 이용자가 VR 헤드셋을 착용한 채로 앉아 사방을 둘러볼 수 있다. 이용자는 여전히 서로 구두로 의사소통할 수 있으므로 서로 옆에 앉아 있는 동안 더 큰 AR을 경험할 수 있다.

세인트루이스 과학센터*St. Louis Science Center*에 설치된 360도 비행시뮬레이터 모델*360-degree flight simulator model*은 조종석 수동 슬라이딩 출입문*manual sliding entry door*이 있는 실제 비행기 사양으로 제작되었다. 즉 실제로 조종사와 부조종사가 있고, 360도 배럴 롤*barrel rolls*을 시뮬레이션할 수 있다. 이용자는 조종석 전면 창 대신 화면에서 콘텐츠를 본다. 이 시스템은 다양한 실제 비행기 설계를 시뮬레이션하도록 설계할 수 있다. 비행 시뮬레이션의 모든 측면이 설치에 통합되어 있으며 시스템은 실제 비행기 경험을 시뮬레이션하기 위해 500와트 디지털 서라운드 사운드*digital surround sound*를 사용한다.

20인승 캡슐 AR 시뮬레이션 모듈(모르피스*Morphis*라고 부름)은 대규모 이용자를 위해 설계되었다. 이 시스템의 콘텐츠는 교육자료, VR 그리고 모험 이야기에 중점을 둔다. 3축의 유압 시스템으로 구동되므로 이용자에게 눈으로 보고 귀로 듣는 것보다 더한 AR 경험을 제공할 수 있다. 모르피스는 스미소니언 국립 항공우주

박물관–스티븐 F. 우드바–헤이지 센터*Smithsonian National Air and Space Museum-Steven F. Udvar-Hazy Center*, 미국 역사박물관*National Museum of American History*, 오레곤 과학산업박물관*Oregon Museum of Science and Industry*, 휴스턴 우주센터*Space Center Houston*, 미국 공군국립박물관*National Museum of the United States Air Force*, 토론토 동물원*Toronto Zoo*, 오듀본 동물원*Audubon Zoo*, 클리블랜드 동물원*Cleveland Zoo*, 해변의 브로드웨이*Broadway at the Beach*, 태평양 과학센터*Pacific Science Center*에서 이용할 수 있다.[10]

8인승 버전의 더 작은 모르피스는 더 큰 캡슐 모듈과 비슷한 경험을 제공하지만 좀 더 저렴한 편이다. 설치 높이에 대한 요구 사항이 훨씬 낮기 때문에 더 작은 공간에 적합하다. 시간당 80명의 라이더가 시스템을 안전하게 사용할 수 있다. 유압식 운동 대신, 더 작은 모르피스 ESP는 360도 비행 시뮬레이터 모델과 유사한 디스플레이인 전기 모션을 사용한다.

끝으로, 잠수함 기반 시뮬레이터 에디션은 참가자가 팀으로 협력하여 탐색 기술을 사용하고 DNA 샘플을 수집하여 해저 미스터리를 해결하도록 권장한다. 비행 시뮬레이터 제품처럼 이 모델에서는 심지어 360도 롤도 달성할 수 있다. 비행 시뮬레이터에 있는 다른 제품 사양도 이 잠수함 모델에 사용된다. 그러나 각 이용자에게 권장되는 실행 시간은 5분으로 더 짧다. 대체로 펄스웍스 제품에서 20분 이상 사용하는 것은 권장되지 않는다. 왜냐하면 예상치 못하게 방향감각이 상실되고, 목과 눈에 대한 무의식적 안정성 제어기능이 상실되어 일시적으로 현기증을 유발할 수 있기 때문이다.

　현재 펄스웍스 시스템의 이용자로부터 개인 이용자 정보가 수집되지 않지만, 이러한 AR 경험에 대한 인기가 계속 증가함에 따라, 오프사이트 참여를 위해 이용자 개인정보를 콘텐츠와 연결하는 기능(특히 소셜 미디어 계정을 통해)이 적용될 것이다. 이는 고객이 장치를 이용한 후에도 계속 참여하게 하는 방법이다.

# 미래 예측:
## 예측, 권장 사항 그리고 결론
*Looking Ahead: Predictions, Recommendations, Conclusions*

도서관은 일반적으로 윤리적 의무로서 이용자 개인정보 보호에 더 높은 우선순위를 두고 있다고 말할 수 있다. 어떤 유형의 AR 기술에 투자할지를 결정할 때 도서관은 현재 정책, 특히 기술과 이용자 개인정보 보호에 관한 정책과 일치하는 옵션을 고려해야 한다. 모든 온라인 앱 플랫폼과 마찬가지로, 증강현실은 명시적인 동의 없이 이용자의 개인정보를 수집하는 것과 관련하여 문제가 제기된다. 대부분의 모바일 응용 프로그램은 주로 하드웨어 사용과 인터넷 연결을 분석하지만, 이러한 앱이 이용자의 개인정보에 접근하는 것을 방지하기 위한 법적 규정은 현재 부족하다.[11]

최근 퓨 리서치*Pew Research* 연구에 따르면, 미국 이용자의 대다수는 모바일 장치의 개인정보 보호에 대해 심각하게 우려하고 있는 것으로 나타났다.[12] 도서관 관리자는 이러한 문제를 심각하게 받아들여야 하고, 이용자의 개인정보 보호와 보안이 이러한 혁신적인(물론 때로는 논란의 여지가 있는) 기술을 사용하여 훼손되지 않도록 실사를 수행해야 한다. 현재 AR 기술의 성공적인 구현에 대한 다양한 예들을 통해, 도서관 커뮤니티는 이러한 유형의 자원을 가장 잘 통합할 수 있는 방법에 대한 모델을 고려해야 한다.

모든 형태와 크기의 도서관은 이용자가 배우고 발견하는 새롭고 다양한 방법을 경험할 수 있는 곳이라는 것에 그 뿌리를 두고 있다. 만일 도서관이 재정적 책임과 혁신, 창의성 그리고 발견하고 배우는 무수한 방법 사이의 균형을 유지하는 방법을 계속 찾을 수 있다면, AR 기술은 의심할 여지없이 정보 발견의 진보와 커뮤니티 내에서의 도서관의 가치에 있어 중요한 역할을 수행할 것이다.

도서관이 AR 이용자들을 위한 종합적인 물리적 보안과 사이버 보안을 보다 더 잘 보장할 수 있는 방법은 무엇일까? 한 가지 방법은 AR 하드웨어 이용과 관련된 물리적 보안 문제를 테스트하고 검증하는 것이다. 또 다른 방법은 이용자가 이러한 시스템 내의 콘텐츠에 접근하는 방법을 인식하고, AR이 설치된 외부 시스템에서 자격 증명credentials을 이용하는 것과 관련하여 개인 데이터에 대한 잠재적인 손상potential compromises에 대해 조언하는 것이다. AR 시스템 설계자가 이용자의 보안을 강화하기 위해 시도한 방법은 이용자가 접근 권한을 얻기 위해 AR 환경 내에서 수행된 3D 암호를 사용하는 것이다(예: 시스템에 접근하기 위한 비밀번호는 이용자가 특정 가상 차고에 들어가서 어떤 특정 색상의 특정 자동차에 앉아야만 얻을 수 있다). 그러나 많은 이용자는 자신의 개인 모바일 디바이스 운영체제에서 채택한 PIN이나 패턴 기반 암호에 너무 익숙한 나머지 3D 암호 시스템을 사용하는 방법을 이해하지 못할 수도 있다.[13] AR 기술로 이를 달성하는 데 사용되는 특정 기술 중 하나인 3DPass는 현재 AR 세계 외부에서 이용 중인 기존 암호 전략보다 훨씬 더 많은 기억 가능성*higher memorability rate*을 보여주는 것으로 나타났다.[14] 기존 암호는 다단계 인증을 사용하고 RSA 혹은 유비키*Yubikey* 같은 공급업체의 물리적 하드웨어 키 보완을 사용하여 더 안전하게 만들어진다.[15] 그러나 3D 암호를 사용하려면 이용자가 로그아웃한 후 다시 입력하려는 가상세계 내에서 이전 경험의 모든 특정 단계를 반복해야 한다. 이 암호 방법론은 3D 암호 시스템에 필요한 세부 정보 수준에 따라 공격자가 추측, 모방 또는 손상할 가능성이 큰 경우 훨씬 더 높은 보안 인증 수준을 이용자에게 제공할 수 있다.

결론적으로, AR은 종이에서 화면으로, 저장 선반*storage shelves*에서 데이터베이스로, 눈과 귀로만 상호작용하는 것에서 완전한 감각적 몰입*full sensory immersion*으로 이동한 정보 자원 콘텐츠이며, 이는 이용자가 선호하는 현실이 될 수 있다. 연구 목적이든 오락 목적이든 관계없이, 도서관을 위한 AR의 매력은 비즈니스와 즐거움의 결합을 약속한다는 것이다. AR 시스템의 인기(세계 경제 포럼의 테이블에 경영진을 배치할 정도로 호스트 회사를 풍요롭게 하고, 많은 국가 전체 시민의 수보다 더 많은 이용자를 축적한 온라인 소셜 네트워크의 폭발적 인기를 보듯이)는 정보를 제공하려는 합법적인 에이전트를 더 많이 유도할 뿐만 아니라 피해를 위해 피싱*phish*을 시도하거나 금전적 이득을 위해 순진한 피해자를 괴롭히려는 더 많은 악의적인 에이전트를 유발할 것이다.[16] AR 시스템의 남용으로 인한 신체적 건강문제와 함께 생기는 문제의 원인은 분명하다.

이용자를 위한 물리적 보안과 사이버 보안 모두에 중점을 두고 AR 구현을 시도하는 도서관 관리자는 위협, 소송 그리고 골칫거리를 최소화할 때 기술의 긍정적인 혜택을 더 많이 누릴 수 있다. 그럼에도 불구하고, 이용자의 요구가 커지고 예산 지원과 유권자의 지지가 커지는 데서 AR의 매력을 찾을 수 있다. AR의 속도, 감각적 몰입 그리고 인류 역사상 유례없는 방식의 소리, 색상, 움직이는 콘텐츠를 통해 유익한 콘텐츠를 유쾌하게 제시할 수 있는 AR의 잠재력은 소비자 공간을 침범하고 있다. AR은 앞으로 도서관을 기존 공간과 프로그램 제공에 있어 다양한 방식의 통합에 적응하고 수용하게 할 것이다.

# 9장

# 가상 증강현실과
# 도서관을 위한
# 법적 시사점

Augmented Reality and Virtual Reality and
Their Legal Implication for Libraries

마이클 리젠*Michael Riesen*

도서관과 도서관을 통해 제공되는 서비스는 저작권, 특허 그리고 상표와 관련된 법적 권리를 다루는 법률은 물론이거니와, 개인정보 및 데이터 보호 권리와 관련된 연방법 및 국가⁽주⁾법을 준수해야 한다. 이를 통칭하여 '지적 재산권법'이라고 한다. 9장에서 우리는 증강현실ᴬᴿ과 가상현실ⱽᴿ과 관련된 경험에서 도서관의 기술 사용이 계속 증가하고 있는지 여부를 살펴볼 것이다. 그리고 도서관이 AR/VR 경험을 포함하는 서비스로 확장될 때 직면할 수 있는 잠재적인 문제와 도서관이 활용할 수 있는 법적 권리를 알아보고자 한다.[1]

# 저작권
*Copylight*

저작권법은 원본 저작물의 저자에게 해당 저작물을 다른 사람이 사용할 수 있는 방법을 결정할 수 있는 배타적 권리를 부여한다.[2] 예를 들어 저작권으로 보호될 수 있는 원본 저작물의 유형에는 소프트웨어, 비디오 게임, AR/VR 프로그램 및 콘텐츠가 있다. 저작권이 있는 저작물에 대한 배타적 권리에는 저작물을 복제하고, 원본 저작물을 기반으로 하거나 파생된 추가 저작물과 복사본을 배포할 수 있는 권리가 포함된다. 중요한 것은 저작물에 대한 저작자의 배타적 권리가 다른 개인이나 단체에 양도될 수 있다는 점이다. 앞서 논의한 것과 같이 이러한 양도 메커니즘(예: 양도, 독점 사용권 계약, 비독점적 사용권 계약)은 저작권법에 따른 잠재적 책임을 관리하는 도서관에서도 중요한 문제가 된다.

누군가 허락 없이 저작물을 복제하는 경우, 저작권자는 침해 소송을 제기할 수 있다. 법원에서 저작권 침해를 주장하려면 저작권 소유자는 '(1) 유효한 저작권의 소유권, (2) 원본 저작물의 구성 요소 복제'[3]를 입증해야 한다. 유효한 저작권의 첫 번째 요소인 소유권을 증명하려면 '(1) 저자의 독창성, (2) 주제의 저작권 가능성, (3) 저작권 주장을 허용함과 동시에 저작물 귀속에 대한 국가적 기준점*national point*, (4) 적용 가능한 법적 절차 준수, (5) (원고가 저작자가 아닌 경우) 원고를 유효한 저작권 주장자로 구성하기 위한 저작자와 원고 사이의 권리 또는 기타 관계의 양도 여부'가 필요하다.[4] 원본인 저작물의 구성 요소에 대한 두 번째 요소 복제를 증명하려면 (1) 저작권이 있는 저작물에 대한 접근, (2) 저작권이 있는 저작물과 침해가 의심되는 저작물 간의 유사성에 대한 증거가 필요하다.

　AR/VR의 맥락에서 기술 스택*technology stack*은 저작권이 있는 여러 층(레이어)을 제공한다. 예를 들어 사용된 하드웨어의 운영체제를 정의하는 코드는 저작권으로 보호될 수 있다. 추가적인 예로 AR/VR 경험을 전달하는 데 사용되는 소프트웨어 앱을 정의하는 이용자 인터페이스와 기본 소스 코드의 요소도 저작권으로 보호될 수 있다. 또 다른 예로, 가상 오디오 또는 비주얼 작업으로서의 AR/VR 경험에서 제공되는 콘텐츠도 저작권에 의해 보호될 수 있다. 따라서 도서관 서비스의 일부로 AR/VR 경험을 제공할 때 도서관은 플랫폼에서 표시된 콘텐츠, 최종 이용자와 그 사이의 모든 계층에 이르기까지 관련된 저작권 보호의 전체 범위를 먼저 이해해야 한다.

역사적으로 저작권법과 그 법을 해석하는 법원의 결정은 도서관이 보유자의 독점적 권리를 침해하지 않고 저작권이 있는 저작물을 사용하는 방법에 대해 안내해 왔다. 예를 들어, 1976년 저작권법은 저작권 소유자의 권리를 정의하는 여러 조항을 포함하는 미국 법률이다. 최초 판매 원칙은 저작권법의 규정에 따라 저작권이 있는 저작물의 사본을 합법적으로 구매한 개인이 저작권자의 권리를 침해하지 않으면서 해당 저작물을 판매, 대여, 양도, 전시 또는 파기할 수 있다고 규정하고 있다.[5] 따라서 저작권이 있는 저작물의 구매자는 도서관 이용자에게 저작물을 대여하는 것과 같이 해당 저작물이 미래에 어떻게 사용될 수 있는지에 대한 특정 법적 권리를 부여 받는다.

　　그러나 이러한 법적 구성은 기술적으로 발전하는 문헌정보학library sciences의 세계에서 어떻게 적용되었을까? 우선, 최초 판매 원칙에 의해 부여된 권리는 "저작권 소유자로부터 복제물이나 음반의 소유권을 취득하지 않고 '임대, 대여 또는 기타 방식으로 소유권을 취득한 사람'에게까지 확대되지는 않는다."[6] 즉 개인이 저작물에서 획득할 수 있는 일련의 권리the bundle of rights는 이러한 저작물이 어떻게 전달되었는지에 따라 달라진다. 많은 소프트웨어 또는 컴퓨터로 구현된 작업computer implemented works은 구매가 아닌 라이선스 계약license agreement에 따라 제공된다. 라이선스 계약에 따라 저작권 소유자는 저작물과 배포된 복사본의 '소유자owners'로 유지되며, 라이선스 이용자에게는 특정 목적을 위해 저작물을 사용할 수 있는 권한을 부여한다. 따라서 라이선스 계약에 따라 처음 시작할 때 얻은 사본을 획득하거나 2차적으로 파생된 저작물을 배포하는 것은 최초 판매 원칙에서 제공하는 보호 수단을 제공하지 못할 수도 있다.[7] 따라서 양도가 판매인지, 아니면 일련의 권리 전체 양도인지 여부와 관계없이 도서관은 저작권이 있는 저작물을 획득하는 수단을 고려해야 한다.

AR/VR에도 동일한 법적 원칙이 적용된다. 그러나 이런 특정 기술에는 고려해야 할 여러 계층*multiple layers*의 저작권이 있는 작업이 있을 수 있다. 이 장의 논의를 위해 당신의 기관에서 AR/VR 서비스를 제공하는 데 관련된 당사자*parties*의 세 가지 범주를 가정한다.

1. 저자/제작자
2. 큐레이터/운영자
3. 최종 이용자

### 저자/제작자*author/creator*

저작물의 저자, 제작자 또는 개발자는 종종 저작권 소유자이다. 그러나 고용계약*employment agreements*, 즉 고용계약이나 개발계약을 위한 작업은 계약상 저작권 소유권을 정의할 수 있다. 소프트웨어와 콘텐츠 개발과 관련하여 여기에서 논의된 바와 같이 각 주체(예: 도서관)는 무엇보다도 고용계약, 독립 계약자 계약과 개발

계약을 다시 검토하여 저작권이 있는 저작물의 최종적인 소유권 *resultant ownership*이 당사자가 고려한 방식으로 정의되어 있는지 확인하는 것이 좋다.

AR/VR의 맥락에서, 전체 AR/VR 경험을 용이하게 하는 몇 가지 고유한 '제작자'가 있을 수 있다. 우선 AR/VR 하드웨어 장치를 고려하라. AR/VR 장치가 헤드셋이든, 안경이든, 최종 사용자의 스마트 장치에서 실행되는 소프트웨어 응용 프로그램이든 상관없이 소프트웨어는 장치의 작동을 제어한다. 또한, 운영체제의 소스 코드와 운영체제를 통해 실행되는 코딩된 응용 프로그램에는 작성자가 있다. AR/VR 헤드셋을 구입할 때 헤드셋의 기능을 작동하는 데 필요한 소프트웨어가 판매 중인 것인지, 아니면 별도로 라이선스가 부여되는 것인지 이해하는 것이 중요하다.[8] 여기에서 AR/VR 장치의 일부인 저작물의 관리는 저작권 보유자와의 협상된 계약을 통해 가장 잘 처리될 수 있다. 그러나 고려 중인 계약이 저작권 소유자와 이루어지고 계약 당사자가 소유하고 있다고 주장하는 권한이 있는지 확인하는 것이 중요하다.

다른 예로, 제작자는 AR 경험을 제공하는 데 사용되는 소프트웨어 앱을 개발한 개발자일 수 있다. 이 경우, 도서관 시스템은 자체 독점 응용 프로그램을 개발한 것이므로 응용 프로그램 자체의 저작권자가 될 수 있다. 혹은 도서관 시스템은 기존 AR/VR 플랫폼을 보유한 타사 개발자와 파트너 관계를 맺을 수도 있다. 도서관 시스템이 앱을 공동으로 개발하기로 결정하든, 제3

자의 완전한 플랫폼을 사용하기로 결정하든, 계약서에 저작권이 있는 저작물의 소유권과 도서관 시스템에 명시적으로 이전되는 사용 권한*use right*에 대한 정의가 명시되어 있는지를 확인하는 것은 중요하다.

또 다른 예로, 제작자는 AR/VR 경험에서 최종 이용자에게 표시되는 콘텐츠의 작성자일 수 있다. 콘텐츠는 원본일 수 있으며 그 자체가 저작권법의 보호를 받을 수 있다. 그러나 일부에서는 AR 혹은 VR 경험의 콘텐츠가 현실세계의 저작물에서 파생된 것이라고 주장할 수 있다. 예를 들어, 책이나 그림 혹은 건축 작업의 페이지에 콘텐츠의 AR 오버레이가 있다고 가정하자. 기본이 되는 실제 작업이 저작권으로 보호되는지, 아니면 공개 도메인인지 물어봐야 한다. 기본 작업이 저작권으로 보호되는 경우, 실제 작업을 오버레이하는 AR 콘텐츠는 파생 작업으로 간주될 수 있으며 기본 작업의 저작권 소유자의 허가가 필요할 수 있다. 이 파생 작업의 예는 아직 법에 명시적으로 정의되지 않아 새로운 법적 문제를 보여준다.

### 큐레이터/운영자*curator/operator*

큐레이터는 제작자와 최종 이용자 사이의 중간 개체*entity*로 간주될 수 있다. 여기에서 도서관이 AR/VR 도메인에서 큐레이터 또는 운영자의 역할을 맡을 수 있음이 고려된다. 이 역할에서 도서관은 AR/VR 경험을 호스팅할 플랫폼을 구매/획득하거나 최소한 홍보하는 역할을 할 수 있다. 또한 큐레이터는 AR/VR 경험에서 최종 이용자에게 제공될 콘텐츠를 개발developing, 구매acquiring 또는 조정coordinating할 책임이 있다. 다시 말해, 도서관은 AR/VR 경험을 위한 원본 콘텐츠를 만드는 경우 저작권 소유자일 수 있다. 예를 들어, 도서관은 독창적인 콘텐츠로 독점 앱을 개발할 수 있으며 그 안에서 개발된 저작물의 저작권 소유자가 될 수 있다. 그러나 AR/VR 경험에서 제공되는 콘텐츠는 도서관 시스템 외부의 당사자에 의해 생성될 수 있다. 따라서 큐레이터는 AR/VR 경험에서 콘텐츠를 사용할 수 있는 권한을 획득해야 한다. 콘텐츠 구매와 규정된 사용을 위해 콘텐츠 라이선스 간의 차이를 다시 언급한다. 콘텐츠가 '획득/구매'되는 방식의 구분은 큐레이터와 콘텐츠 저자 간의 계약에서 명확하게 정의될 수 있다.

다른 대안으로, 큐레이터가 서비스 제공자의 역할을 맡을 수도 있다. 디지털 밀레니엄 저작권법Digital Millennium Copyright Act, 이하 DMCA 같은 법률에는 '서비스 제공자service provider'에 대한 세이프 하버 조항safe harbor provisions이 포함되어 있다. DMCA에 따라 서비스 제공자는 침해 활동으로부터 재정적 혜택을 받을 수 없으며, 침해 활동을 제어할 수 없으며, 통지 시 서비스 제공자는 해당 서비스에 대한 액세스를 제거하거나 비활성화해야 한다. 이러한 조항은 인터넷 서비스 제공자와 사용자를 위한 웹 페이지에 나타나 있지만 AR/VR 상황에서 서비스 제공자의 역할은 명확하지 않다. DMCA는 '서비스 제공자'에 대해 두 가지 정의를 제공한다.

(A) 소항에서 사용된 (a) '서비스 제공자'라는 용어는 보내거나 받은 내용을 수정하지 않고, 이용자가 선택한 자료를 이용자가 지정한 지점 사이에서 디지털 온라인 통신을 위한 전송_transmission_, 라우팅_routing_ 또는 연결 제공_providing of connection_을 하는 주체를 의미한다.

(B) 이 섹션에서 사용된 것처럼, 하위 섹션 (a)를 제외하고 '서비스 제공자'라는 용어는 온라인 서비스 또는 네트워크 접근 제공자 또는 이를 위한 시설 운영자를 의미하며, 하위 조항 (A)에 설명된 법인을 포함한다.[9]

이를 살펴볼 때 도서관이 DMCA에 따른 '서비스 제공자'의 정의에 부합하고 세이프 하버 조항에서 제공하는 보호를 받기 위해서는 도서관이 콘텐츠의 생성_creation_, 표시_presentation_ 그리고 수정_modification_에 적극적인 역할을 해서는 안 된다. 대신 AR/VR 경험에서 도서관은 제작자와 최종 이용자 간의 정보 전달 수단이어야 한다.

새로운 AR/VR 콘텐츠와 이러한 콘텐츠를 적용하기 위한 수단이 매일 개발되고 있기 때문에 현행 법률 및 관련 세이프 하버가 AR/VR 경험의 고유한 특성을 다루기에 충분한지 여부는 아직 불분명하다.

## 최종 이용자*end user*

최종 이용자는 AR/VR 경험에 참여하는 도서관 시스템 이용 자*patron*일 수 있다. AR/VR 경험의 고유한 환경은 최종 이용자가 콘텐츠 표시, 즉 저작권이 있는 저작물을 제어할 수 있도록 한다. 예를 들어 이용자는 특정 장소를 볼 필요가 있거나 콘텐츠를 표 시하도록 작동*trigger*하기 위해 특정 활동에 참여할 필요가 있을 수 있다. 이 조치만으로도 잠재적인 저작권 침해에 대한 법적 분석 과 그러한 침해에 대한 방어는 복잡해진다.

이러한 문제를 더욱 복잡하게 만드는 것은 많은 AR/VR 경 험에서 최종 이용자와 상호작용 경험에 기반하여 맞춤형 콘텐츠 를 제공하는 기능이 있기 때문이다. 예를 들어 위치, 관점, 이용 자 선호도 또는 필터와 같은 최종 이용자에 대한 입력은 특정 최 종 이용자에게 표시되는 콘텐츠나 그러한 콘텐츠가 표시되는 방 식을 변경하는 데 사용될 수 있다. 따라서 최종 이용자의 행동은 잠재적인 저작권 침해 사례를 만들 수 있지만, 이를 입증하려면 저작권 침해 집행을 규율하는 현행 법률과 규칙에서 고려되지 않 는 절차가 필요할 수도 있다. 또한 저작권자는 큐레이터/운영자 또는 개발자를 상대로 클레임을 제기하여 최종 이용자의 저작권 침해 행위에 대한 구제를 요청할 수 있다. 다시 말하지만, 이러한 위험은 AR/VR 경험의 저작권 스택과 모든 당사자 간의 계약에 대한 이해를 통해 완화되어야 한다.

공정 이용*fair use*에 대한 적극적인 방어는 어떠한가? 공정 이용은 특정 상황에서 저작권이 있는 저작물의 무허가 사용을 허용하는 적극적인 방어이다.[10] 공정 사용에 해당할 수 있는 이러한 상황에는 비판, 논평, 뉴스 보도, 교육, 장학금 그리고 연구 등이 포함된다.[11] 그러나 공정 이용이 절대적인 방어책은 아니며 저작권이 있는 저작물의 무단 사용이 공정 이용인지 여부에 대한 분석은 사례별로 다르다.

고려할 수 있는 몇 가지 요소는 (1) 이용 목적: 상업적 혹은 비영리적인 교육 목적, (2) 저작물의 성격, (3) 관련된 저작물의 이용 양과 실재성*amount and substantiality of use*, (4) 저작권이 있는 저작물의 잠재적 시장에 대한 이용 효과이다. 대학과 도서관 시스템은 저작권이 있는 자료를 교육적 목적으로 이용할 때 위험을 관리하는 데 도움이 되는 공정 사용 지침을 개발했다. 그러나 이러한 지침은 법원이 이용처리 방법을 결정하지 않는다. 또한 교육기관에서 채택한 일부 교육 지침과 정책은 AR/VR 경험에 대한 고유한 특성을 고려하지 않는다. 저작권법에 대해서 앞에서 언급한 것처럼, AR/VR 경험을 개발하거나 호스팅을 준비하고 있는 도서관과 같은 기관은 AR/VR 경험을 제공하는 데 있어 도서관이 수행할 역할과 제공되고 있는 AR/VR 서비스의 특성을 고려해야 한다.

# 상표권
*Trademarks*

상표는 자신의 상품을 다른 사람이 제조하거나 판매하는 것과 구분하거나 식별하고 상품의 출처를 표시하는 데 사용되는 단어, 기호 또는 문구이다.[12] 상표 소유자는 상표 침해에 대해 당사자*subsequent parties*를 고소할 수 있다.[13] 상표권 침해를 입증하려면 상표 소유자는 침해 이용과 대상 상표 사이에 '혼란 가능성이 있음*likelihood of confusion*'을 보여야 한다. 특히 상표를 상업적으로 이용할 때 이러한 이용이 해당 상품의 출처 또는 후원에 대해 소비자에게 혼동을 일으킬 가능성이 있는 경우 침해로 간주할 수 있다. 미국 법원은 상표권 침해 분석의 요소를 다음과 같이 정의한다. (1) 상표의 강도*strength*, (2) 상품의 근접성*proximity*, (3) 상표의 유사성*similarity*, (4) 실제 혼란*actual confusion*의 증거, (5) 이용된 마케팅 채널의 유사성, (6) 일반 구매자가 행사한 주의의 정도, (7) 피고의 의도*intent*이다.[14]

AR/VR을 고려할 때, 가상환경에서 유사한 상표의 사용을 기반으로 상표권 침해를 판단하는 것은 물리적 세계에서만큼 명확하지 않다. 소비자가 가상 제품이 실제 소스와 관련되어 있다는 사실을 혼동할 가능성이 있는가? 더 복잡한 상황을 고려해 보자. AR은 현실세계와 그 안에 제시된 상표를 혼합하여 현실세계를 증강 그리고 왜곡할 수 있는 가상세계를 제공하는 환경을 제공한다. 따라서 상표 소유자는 AR/VR 맥락에서 이용을 침해한다고 주장하는 상표권 침해 주장으로 인한 어려움이 생길 수 있다.

상표권자*trademark owner*는 가상 제품의 출처 또는 소속에 대해 혼동의 가능성이 있음을 증명하지 못할 수도 있다. 실제로 AR/VR 경험의 개발자 또는 운영자는 상표권자와의 제휴를 명시적으로 거부하거나 상표에 대해 비판하거나 명목상의 공정 이용을 주장하는 등의 침해를 방어할 수 있다. 명목상의 공정 이용은 이러한 이용이 상표권자의 상품 또는 서비스를 설명하는 데에만 공정하고 성실하게 이용되는 경우 침해가 아니라고 규정한다. 최종 이용자 또는 소비자의 혼란에 대한 이러한 분석은 가상 상표*virtual marks*가 최종 이용자에게 제공되는 방식을 나타낸다. AR/VR 경험은 실제 상표에 대한 패러디 또는 일종의 엔터테인먼트인가? 그렇다면 합리적인 최종 이용자는 상표권자가 출처라고 생각하지 않을 수 있으며, 상표권자는 실제로 가상 공간에서 혼동이 있었음을 입증하지 못할 수 있다.

실제 상표권*real-world trademark*을 인식한 후 AR 콘텐츠를 표시하면 결과는 어떻게 될까? 실제 상표가 최종 이용자의 시야에 있을 때

과거 정보나 해설을 오버레이로 제공하는 AR 경험을 잠시 생각해 보자. 이 경우, 실제 상표권은 상표가 구축한 영업권을 전달하기 위한 것이다. 그러나 상표권자는 가상 주석<sup>virtual commentary</sup>에 대한 편집 권한이 없을 수 있으며, 대신 그러한 설명이 실제 상표의 영업권과 고유한 품질을 희석시킴을 알게 될 수도 있다.

도서관이 콘텐츠 제작자인 경우, 가상 콘텐츠에 실제 상표를 표시하려는 의도와 수단을 고려해야 한다. 인식할 수 있는 실제 상표에서 실행되는 AR 콘텐츠가 있으면 상표권자의 문제만 제기할 수 있다. 결국 상표권자는 상표를 감시해야 한다.

도서관이 콘텐츠의 큐레이터이거나 AR/VR 경험의 운영자이고 콘텐츠가 다른 당사자에 의해 생성되는 경우, 개발자 또는 콘텐츠 제작자가 콘텐츠를 소유하고 콘텐츠가 타인의 권리를 침해하지 않는다. 다시 말하지만, 도서관 시스템의 일부로 AR/VR 서비스를 제공하면 필요한 당사자 간의 계약에서 명시적인 조항이 활성화된다.

# 특허
*Patents*

특허는 발명가가 자신의 주어진 관할권에서 다른 사람들이 청구한 발명을 만들거나, 사용하거나 또는 판매하는 것을 방지할 수 있게 한다.[15] AR/VR 맥락에서 AR/VR 경험을 제공하는 데 사용되는 하드웨어, 최종 이용자에게 콘텐츠를 전달하는 인터페이스, 심지어 콘텐츠를 처리하는 AR/VR 경험에서 콘텐츠를 표시하는 방법까지 포함하는 특허 청구가 승인되었다. 대학, 기업 그리고 개인은 AR/VR 분야에서 정기적으로 특허를 출원하고 있다. 이러한 특허 출원은 출원 후 최소 18개월 동안 공개되지 않는 경우가 많다. 그러나 일단 특허가 부여되면, 부여된 청구 범위에서 금지하는 방식으로 청구된 발명을 사용하는 사람들은 특허 침해 소송에 노출된다.

예를 들어 2018년 1월 30일, 바르바로 테크놀로지스*Barbaro Technologies*는 나이앤틱*Niantic*을 미국 특허 번호 7,373,377과 8,228,325

의 침해 혐의로 고소했다. 소송을 주장한 특허 청구는 실시간 정보를 컴퓨터 시스템을 사용하여 가상 주제 환경에 통합하는 것과 관련 있는 것이다. 바르바로는 나이앤틱의 포캣몬 고와 인그레스*Ingress*가 모두 주장된 특허 요구*asserted patent claims*을 침해한다고 구체적으로 주장했다. 이와 마찬가지로 특허받은 AR/VR 하드웨어와 제어 소프트웨어 사이의 전투는 완화될 기미를 보이지 않고 있다. 마이크로소프트는 홀로그래픽 인간–기계 인터페이스에 대한 주장을 침해했다는 혐의로 홀로터치*Holotouch*에 의해 고소되었다.

특허 소송 캠페인에서 여러 피고를 대상으로 특허권을 행사한 레논 이미지 테크놀로지스*Lennon Image Technologies*와 같은 기업이 특허 관심을 끌고 있다. 레논 이미지 테크놀로지스 특허는 일반적으로 고객/이용자들이 '실제로 옷을 입어볼 필요도 없이 선택한 상품을 가상으로 평가할 수 있도록' '소매업체의 사업장'에서 고객의 이미지를 캡처하고 미리 녹음된 '의류 품목을 착용한 모델'과 혼합하는 방법과 관련이 있다.

우리는 이 장에서 AR/VR 경험을 제공하는 데 관여할 수 있는 다양한 당사자들에 대해 논의했다. 도서관이 AR/VR 서비스와 같은 정보를 제공할 준비를 할 때, 이 분야에서 부여된 여러 특허 청구에 따른 잠재적 책임을 모두 고려할 수 있는 리소스(자료)들이 없다는 것이 명백해 보일 수 있다. 소매업과 가상 모델링과 마찬가지로 특정 AR/VR 서비스 제공에 대한 클레임 침해를 주장하는 특허법 소송은 AR/VR 서비스를 유지 관리하는 도서관의 능력에 매우 치명적인 영향을 미칠 수 있다. 따라서 AR/VR 서비스를 채택할 때 내재되어 있을 수 있는 위험과 책임으로부터 계약상에서 도서관을 격리/분리하는 것이 필수적이다. 물론, 도서관이 고유한 AR/VR 서비스 제공을 개발하기 위해서는 이 분야의 특허 환경을 이해하고 특정 AR/VR 서비스를 운영할 수 있는 자유가 주어져야 한다.

# 개인정보와 데이터
## Privacy and Data

우리는 데이터의 세계에 살고 있다. 그러나 기업이 이용자 데이터를 수집, 사용 및 관리하는 방법을 규율하는 법률은 관할 구역 간에 일관되지 않는다. 이는 유럽연합$^{EU}$ 시민과 관련된 데이터를 보호하는 것을 관장하는 '일반 데이터 보호 규정$^{General \ Data \ Protection}$ $^{Regulation}$'이 최근에 시행된 것에서 가장 두드러지게 입증된다. 미국 전역의 도서관들은 국내 이용자들뿐만 아니라 해외 이용자들도 자주 방문하고 있다. 따라서 특정 관할권 내에서의 행위뿐만 아니라, 외국 관할권 시민들의 개인 데이터를 규율하는 법률이 제정되면서 도서관과 같은 국내 법인의 부담은 날로 증가하고 있다. 더욱이 도서관이 최종 이용자가 데이터를 수집하고, 저장하는 등 데이터 사용을 잠재적으로 포함하고 있는 AR/VR 서비스를 제공하기로 결정할 때, 이러한 데이터 사용에 적용되는 법률과 규정을 알고 있어야 한다.

예를 들어 특정 AR/VR 플랫폼은 AR/VR 경험을 제공하기 위해 사용자의 위치, 머리와 눈의 움직임 및 기타 사용자 선호도를 추적할 수 있다. 기술이 발전함에 따라 AR/VR 경험을 개선하기 위해 추가적으로 최종 이용자의 데이터가 수집될 수도 있다. 따라서 어떤 정보가 수집되고, 이 정보가 어디에 저장되며, 정보가 어떻게 사용되는지를 이해하는 것은 중요하다. 이 데이터를 전송하고 저장할 때마다 개인정보 보호 문제가 많이 발생한다. 이러한 개인정보 위험은 AR/VR 경험의 개발자와 운영자가 최소한 최종 이용자 데이터의 수집, 저장과 사용에 대해 명확히 알고 있어야 함을 의미한다. 수집 대상과 그러한 데이터가 사용되는 방법을 정의하는 개인정보 보호 정책은 명확해야 하며 모든 관련 법률 및 규정에 따라 이용자들에게 개인정보 보호 방안을 고지해야 한다.

이뿐 아니라, 도서관과 같은 기관에 의해 데이터가 제어되는 경우 해당 데이터의 보안도 고려해야 한다. 데이터 침해*data breaches* 문제는 슬프게도 국내 기관에서 정기적으로 발생하고 있으며 도서관은 적절한 보안 수단을 제공하기 위한 조치를 취해야 한다.

# 결론
## Conclusion

도서관과 사서는 지적 재산권을 규율하는 법률의 개발과 집행에 기득권이 있다. 도서관은 인쇄물이든 가상의 것이든 관계없이 계속적으로 정보의 아카이브이자 데이터 접근을 위한 핵심적인 역할을 수행하고 있다. 도서관이 예술과 과학, 역사를 발전시키는 데 중요한 역할을 수행하기 위해 계속해서 발전하고 진화하면서 그로 인한 새로운 위험도 생기기 마련이다. 도서관 과학의 도전적이고 변화하는 세계에서 이러한 위험은 대중이 새로운 기술 채택을 통해 더 넓은 지식 영역에 도달하려는 목표를 방해할 수 있다. 그러나 관련 법률과 관련 용어 및 계약에 대한 숙고와 안내 과정을 통해, 도서관은 실제로 정보시대에 AR/VR의 무한한 가능성을 수용하기에 가장 적합한 역할을 할 수 있다.

# 주석

## 1장 증강현실: 홀로그램의 모든 것

1    *Merriam-Webster Dictionary*, "Augmented Reality," https://www.merriam
     -webster.com/dictionary/augmented%20reality.

2    Jason Hall, "How Augmented Reality Is Changing the World of Consumer
     Marketing," 2017, https://www.forbes.com/sites/forbesagency council/
     2017/11/08/how-augmented-reality-is-changing-the-world-of-consumer
     -marketing/#31e4506d54cf.

3    Om Malik, "Pokémon Go Will Make You Crave Augmented Reality," 2016,
     https://www.newyorker.com/tech/elements/pokemon-go-will-make-you
     -crave-augmented-reality.

4    Siimon Reynolds, "Why Google Glass Failed: A Marketing Lesson," 2015,
     https://www.forbes.com/sites/siimonreynolds/2015/02/05/why-google
     -glass-failed/#395baf2e51b5.

5    Linda Lohr, "The Stereoscope: 3D for the 19th Century," 2015, libweb
     .lib.buffalo.edu/hslblog/history/?p=1512; Augment, "Infographic: The
     History of Augmented Reality," 2016, www.augment.com/blog/infographic
     -lengthy-history-augmented-reality/.

6    Dennis Williams II, "Did Sports Really Pave the Way for Augmented Reality?"
     2016, https://www.huffingtonpost.com/entry/did-sports-really-pave-the
     -way-for-augmented-reality_us_57b4889be4b03dd53808f61d.

7    Joss Fong, "The NFL's Virtual First-Down Line, Explained," 2017, https://
     www.vox.com/2016/2/6/10919538/nfl-yellow-line.

8    Chris Isidore, "Fans' Bottom-Line Loss," 2001, money.cnn.com/2001/10/16/
     companies/column_sportsbiz/.

9    Cheryl V. Jackson, "How Libraries Are Using Technology to 'Stay up
     to Speed' with Patrons," 2015, www.chicagotribune.com/bluesky/
     originals/chi-american-library-association-meeting-bsi-20150205-story.html.

10  Elizabeth Zak, "Do You Believe in Magic? Exploring the Conceptualization of Augmented Reality and Its Implications for the User in the Field of Library and Information Science," *Information Technology and Libraries*, 2014, https:// ejournals.bc.edu/ojs/index.php/ital/article/view/5638.

11  Daniel L. Ireton, Joelle Pitts, and Benjamin Ward, "Library Discovery through Augmented Reality: A Game Plan for Academics," Technology Collection, 2014, ijt.cgpublisher.com/product/pub.42/prod.965.

12  Zak, "Do You Believe in Magic?" 2014, https://ejournals.bc.edu/ojs/index .php/ital/article/view/5638.

13  Diana Hellyar, "Guest Post: Diana Hellyar on Library Use of New Visualization Technologies," 2016, informatics.mit.edu/blog/guest-post -diana -hellyar-library-use-new-visualization-technologies.

14  Hellyar, "Guest Post: Diana Hellyar on Library Use," 2016, informatics.mit. edu/blog/guest-post-diana-hellyar-library-use-new-visualization-technologies.

15  Heidi Brett, "Augmented Reality Is a Reality," 2017, https://attheu.utah.edu/ facultystaff/augmented-reality-is-a-reality/.

16  NCSU Libraries, "Virtual Reality & Augmented Reality," https://www.lib .ncsu.edu/do/virtual-reality.

17  Michael Schaub, "'Pokémon Go' Sends Swarms of Players to Bookstores and Libraries. But Will They Remember the Books?" 2016, www.latimes.com/ books/la-et-jc-pokemon-go-books-20160713-snap-htmlstory.html.

18  Adario Strange, "Oculus Installing Free VR Systems in Nearly 100 California Libraries," Mashable, 2017, mashable.com/2017/06/07/oculus-rift-library -project/.

19  White Plains Public Library, 2018, https://whiteplainslibrary.org.

20  Sandra Harrison, *White Plains, New York*: A City of Contrasts (Lulu, 2014).

21  White Plains Public Library, "Our Mission," 2018, https://whiteplainslibrary .org/policies/mission/.

22  Rob LeFebvre, "Microsoft's Next-Gen HoloLens Reportedly Won't Arrive until 2019," 2017, https://www.engadget.com/2017/02/20/next-gen -hololens-2019/.

23  Amber Wang, "Quiver Is the 3D Augmented Reality Coloring App for Adults," 2017, https://www.gearbrain.com/quiver-3d-coloring-app-review -2514323764.html.

24  Joseph Volpe, "Microsoft's HoloLens Is Now Ready for Developers," 2016, https://www.engadget.com/2016/02/29/microsoft-hololens -developer -preorders/.

25  Blake Morgan, "Augmented Reality and the Fourth Transformation," 2017, https://www.forbes.com/sites/blakemorgan/2017/11/30/augmented-reality -and-the-4th-transformation/#7cbece8d4bb3.

26  Robert Ferris, "Alibaba-Backed Augmented Reality Start-Up Makes Driving Look like a Video Game," 2017, https://www.cnbc.com/2017/11/28/wayray -uses-augmented-reality-to-turn-driving-into-a-video-game.html.

27  Association for Psychological Science, "Augmented-Reality Technology Could Help Treat 'Lazy Eye,'" Science Daily, 2017, https://www.sciencedaily.com/ releases/2017/12/171205115939.htm.

28  Brian Boyles, "Virtual Reality and Augmented Reality in Education," 2017, https://www.usma.edu/cfe/Literature/Boyles_17.pdf.

29  Jeremy Riel, "Augmented Reality in the Classroom," 2016, education.uic.edu/ academics-admissions/student-life/augmented-reality-classroom.

30  Joshua Bolkan, "Virtual and Augmented Reality to Nearly Double Each Year through 2021," 2017, https://thejournal.com/articles/2017/12/04/virtual -and-augmented-reality-to-nearly-double-each-year-through-2021.aspx.

31  Jonathan Vanian, "Amazon Takes a Trip in Virtual and Augmented Reality," 2017, fortune.com/2017/11/27/amazon-virtual-reality-augmented-sumerian/.

32  Lucas Matney, "Apple Acquired Augmented Reality Headset Startup Vrvana for $30M," 2017, https://techcrunch.com/2017/11/21/apple-acquires-mixed -reality-headset-startup-vrvana-for-30m/.

33  Seth Fiegerman, "Google Glass Is Back, with a New Vision," 2017, money.cnn .com/2017/07/18/technology/gadgets/google-glass-returns/index.html.

34  Forbes Agency Council, "13 Ways Augmented Reality Technology Can Work to Your Advantage," 2017, https://www.forbes.com/sites/forbesagencycoun cil/2017/11/16/13-ways-augmented-reality-technology-can-work-to-your -advantage/#29e7e0cc257a.

35  Yariv Levski, "10 Augmented Reality Books That Will Blow Your Kid's Mind," https://appreal-vr.com/blog/10-best-augmented-reality-books/.

36  Aggie Librarians NMSU, "Augmented Reality," 2014, lib.nmsu.edu/liblog/ augmented-reality/.

37  Alex Heath, "Elon Musk Has Raised $27 Million to Link Human Brains with Computers," 2017, www.businessinsider.com/elon-musk-neuralink-raises -27-million-2017–8.

## 2장 비공식 학습환경에서의 확장현실

1   Steven LaValle, *Virtual Reality* (London: Cambridge University Press, 2017), 5.
2   John Cromby, Penny Standen, and David Brown, "Using Virtual Environments in Special Education," VR in the Schools, 1995, www.hitl .washington.edu/projects/knowledge_base/virtual-worlds/VR-in-Schools/.
3   Keith Curtin, "Mixed Reality Will Be Most Important Tech of 2017," The Next Web, https://thenextweb.com/insider/2017/01/07/mixed-reality-will -be-most-important-tech-of-2017/#.tnw_KbVD0Lvs.
4   Brian Chirls, "How Anyone Can Create a Virtual Reality Experience with One Line of Code," Point of View's Documentary Blog, www.pbs.org/pov/ blog/povdocs/2015/02/how-anyone-can-create-virtual-reality-experiences- with-one-line-of-code/#.VRvXVZPF91Q.
5   Paul Armstrong, "Just How Big Is the Virtual Reality Market and Where Is It Going Next?" Forbes, https://www.forbes.com/sites/paularmstrongtech/ 2017/04/06/just-how-big-is-the-virtual-reality-market-and-where-is-it -going-next/#2abb2b304834.
6   John Pullen, "Everything to Know about Virtual Reality," *Time*, http://time .com/4122253/virtual-reality/.
7   Dieter Schmalstieg and Tobias Höllerer, *Augmented Reality: Principles and Practice* (Boston: Addison-Wesley, 2016), 64.
8   Brian Shuster, "Virtual Reality and Learning: The Newest Landscape for Higher Education," *Wired*, August 6, 2015, https://www.wired.com/ insights/ 2013/12virtual-reality-and-learning-the-newest-landscape-for -higher-education/.
9   Paul Milgram, "Augmented Reality: A Class of Displays on the Reality- Virtuality Continuum," Telemanipulator and Telepresence Technologies, http://etclab.mie.utoronto.ca/publication/1994/Milgram_Takemura _SPIE1994.pdf.

10 Linda Lian, "XR Is a New Way to Consider the Reality Continuum," TechCrunch, https://techcrunch.com/2017/05/02/xr-a-new-way-to-consider-the-reality-continuum/.

11 Matt Zeller, "Windows Dev Center," https://docs.microsoft.com/en-us/windows/mixed-reality/hololens-hardware-details.

12 Woodrow Barfield and Claudia Hendrix, "The Effect of Update Rate on the Sense of Presence within Virtual Environments," *Virtual Reality: The Journal of the Virtual Reality Society* 1, no. 1 (1995): 3–16, https://doi.org/10.1007/BF02009709.

13 Zeller, "Windows Dev Center," https://docs.microsoft.com/en-us/windows/mixed-reality/hololens-hardware-details.

14 Near-field communication (NFC) is a set of communication protocols that enable two electronic devices, one of which is usually a portable device such as a smartphone, to establish communication by bringing them within 4 cm (1.6 inches) of each other.

15 API is the acronym for application programming interface, which is a software intermediary that allows two applications to talk to each other.

16 Three.js is a cross-browser JavaScript library and application programming interface that is used to create and display animated 3D computer graphics in a web browser.

17 JS Bin (jsbin.com) is an HTML/JavaScript sandbox that enables users to learn, experiment, and teach using web technologies.

18 A 360-degree photo is a controllable panoramic image that surrounds the original point from which the shot was taken.

19 Michael Peters, "Videos and Discussion on Design and Development with the HoloLens," In-vivible.com, www.in-vizible.com/videoblog.html.

20 Mi Jeong Kim, "Implementing an Augmented Reality-Enabled Wayfinding System through Studying User Experience and Requirements in Complex Environments," *Visualization in Engineering*, https://viejournal.springeropen.com/articles/10.1186/s40327–015–0026–2.

21 Paul Pickering, "Sensor Fusion: Making Sense of the Real World for IoT Applications," *Electronic Component News*, https://www.ecnmag.com/article/2016/02/sensor-fusion-making-sense-real-world-iot-applications.

22 Mineways is an open-source file exporter for rendering, 3D printing, and

schematic creation and viewing.

23  OBJ is an open geometry definition file format that has been adopted by many 3D graphics application vendors.

24  HoloStudio is a HoloLens app for creating, sharing, and 3D-printing your own holograms.

25  Christopher M. Bishop, *Pattern Recognition and Machine Learning* (New York: Springer. 2006), 164–71.

26  Stuart Dredge, "The Complete Guide to Virtual Reality—Everything You Need to Get Started," *The Guardian*, https://www.theguardian.com/technology/2016/nov/10/virtual-reality-guide-headsets-apps-games-vr.

27  WebVR is an open specification that makes it possible to experience VR in a web browser. Its purpose is to make it easier for everyone to access VR experiences, regardless of the device they own.

28  WebGL (Web Graphics Library) is a JavaScript API for rendering interactive 2D and 3D graphics within any compatible web browser without the use of plug-ins.

29  Magica Voxel is a free 8-bit voxel art editor and interactive path-tracing renderer.

30  American Library Association, https://www.ala.org.

31  Andrea Moneta, "How Virtual Reality Is Changing the Way We Experience Stage Shows," The Conversation, http://theconversation.com/how-virtual-reality-is-changing-the-way-we-experience-stage-shows-81542.

32  Graeme Lawrie, "How Our School Is Using Virtual Reality to Prepare Pupils for a Future Dominated by Technology," *The Telegraph*, https://www.telegraph.co.uk/education/2017/01/23/school-using-virtual-reality-prepare-pupils-future-dominated/.

33  VARlibraries is a national network of libraries that are implementing virtual and augmented reality technology in their communities.

34  Troy Lambert, "Virtual Reality in the Library: Creating a New Experience," Public Libraries Online, http://publiclibrariesonline.org/2016/02/virtual-reality-in-the-library-creating-a-new-experience/.

35  Ani Boyadjian, "Augmented Library," The Digital Shift, www.thedigitalshift.com/2014/09/mobile/augmented-library-technology/#.

36  Jack Smith, "Apple Censored an App about the Ferguson Shooting—Here's

Why," Mic.com, https://mic.com/articles/125612/apple-censored-an
-app-about-the-ferguson-shooting-ferguson-firsthand-heres-why#.xRc5GnFrv.

37  Jeff Sommer, "What Net Neutrality Rules Say," *New York Times*, https://
www.nytimes.com/interactive/2015/03/12/technology/net-neutrality
-rules-explained.html.

## 3장  3D 모델링을 위한 가상현실

1.  "Oculus Rift," https://www.oculus.com/rift; "VIVE," https://www.vive
.com/us/.

2.  For information about conversational interfaces, see Will Knight,
"10 Breakthrough Technologies 2016: Conversational Interfaces,"
*MITechnology Review*, 2016, https://www.technologyreview.com/s/600766/
10-breakthrough-technologies-2016-conversational-interfaces/.

3.  Kasey Panetta, "Gartner Top 10 Strategic Technology Trends for 2018,"
Gartner, October 3, 2017, https://www.gartner.com/smarterwithgartner/
gartner-top-10-strategic-technology-trends-for-2018/.

4.  "Tech Trends 2018: The Symphonic Enterprise," Deloitte Insights, https://
documents.deloitte.com/insights/TechTrends2018.

5.  Mike Senese, "NASA Shapes the Future of Space Design and Exploration
with Its Mixed Reality Program," Make, July 19, 2016, https://makezine
.com/2016/07/19/rockets-rovers-mixed-reality/.

6.  "Scopis," https://navigation.scopis.com/.

7.  Microsoft, "Microsoft HoloLens," Microsoft HoloLens, https://www
.microsoft.com/en-us/hololens; Parker Wilhelm, "Microsoft HoloLens
Might One Day Assist in Spine Surgeries," TechRadar, May 5, 2017, https://
www.techradar.com/news/microsoft-hololens-could-one-day-assist-in
-spine-surgeries.

8.  See Sophie Morlin-Yron, "Students Swim with Sharks, Explore Space,
through VR," CNN, September 19, 2017, https://www.cnn.com/2017/09/18/
health/virtual-reality-schools/index.html; and Jiabei Lei, "Adventures
Abound: Explore Google Expeditions on Your Own," Google AR and VR
(blog), July 19, 2017, https://www.blog.google/products/google-vr/adventures

-abound-explore-google-expeditions-your-own/. For Google Expeditions and DiscoveryVR, see "Expeditions," Google Play, https://play.google.com/store/apps/details?id=com.google.vr.expeditions; and "DiscoveryVR Education," Discovery Education UK, www.discoveryeducation.co.uk/discoveryvr.

9. For the explanation of a mesh, see "What Is a Mesh?" Blender 3D: Noob to Pro, https://en.wikibooks.org/wiki/Blender_3D:_Noob_to_Pro/What_is_a_Mesh%3F.

10. 3D 프린팅용 모델은 수밀모델<sup>Watertight</sup>이면서 다양체<sup>Manifold</sup>인 모델이어야 출력이 가능하다.

For common mesh errors in 3D printing, see "Fixing Non-Manifold Models," Shapeways, https://www.shapeways.com/tutorials/fixing-non-manifold-models; and Sean Charlesworth, "Bits to Atoms: 3D Modeling Best Practices for 3D Printing," Tested, March 19, 2014, www.tested.com/tech/3d-printing/460456-bits-atoms-3d-modeling-best-practices-3d-printing/.

11. "Blender," https://www.blender.org/; "Rhino," https://www.rhin03d.com/; "SketchUp," https://www.sketchup.com/home; "Solidworks," www.solidworks.com/; "Tinkercad," https://www.tinkercad.com/.

12. Bohyun Kim and Brian Zelip, "Growing Makers in Medicine, Life Sciences, and Healthcare" (presentation, Association of College & Research Libraries Conference, Baltimore, MD, March 24, 2017), https://www.slideshare.net/bohyunkim/growing-makers-in-medicine-life-sciences-and-healthcare.

13. 3D 모델링과 조각 도구의 차이점은 응용 프로그램이 3D 개체를 메시로 처리하는지 아니면 모델로 처리하는지에 있다. 3D 개체의 '메시'는 설정된 수의 다각형으로 구성된 모양의 디지털 표현인 반면, 3D 객체의 '모델'은 NURBS<sup>(비균일 합리적 기저 스플라인)</sup> 표면 측면에서 객체의 수학적 표현을 의미한다. CAD 소프트웨어는 솔리드인 NURBS 표면이 있는 3D 모델을 생성한다. 대조적으로, 메시는 실제처럼 보일 수 있지만 솔리드 객체가 될 수 있는 유효한 실제 3D 지오메트리를 갖지 않을 수 있다. 이것이 의미하는 바는 조각 도구는 3D 인쇄할 수 없는 3D 개체를 생성하는 반면, 3D 모델링 응용 프로그램은 항상 메쉬 오류 없이 3D 인쇄할 수 있는 견고한 개체를 생성한다는 것이다.

14. "MakeVR Pro," Vive, https://www.viveport.com/apps/9e94a10f-51d9-4b6f-92e4-6e4fe9383fe9.

15 "Medium," Oculus, https://www.oculus.com/medium/.

16 "ShapeLab," https://info.leopoly.com/shapelab.

17  "MasterpieceVR—FAQ," https://www.masterpiecevr.com/faq.

18  "Gravity Sketch VR," http://store.steampowered.com/app/551370/Gravity
    _Sketch_VR/.

19  "Blocks," https://vr.google.com/blocks/.

20  MakeVR Pro can be purchased at http://store.steampowered.com/app/
    569180/MakeVR_Pro/. MakeVR is available for free at https://www.viveport
    .com/apps/23d40515–641c-4adb-94f5–9ba0ed3deed5 and lacks several
    features of MakeVR Pro.

21  .stl 파일 형식으로 가져온 3D 모델은 MakeVR Pro에서 크기를 조정하고 이동
    할 수 있지만 수정하거나 저장할 수는 없다.

22  이러한 컨트롤은 틴커캐드 베타 버전에서 약간 변경되었다. 각도를 좌우, 위, 아
    래로 움직이는 화살표 버튼은 베타 버전에서 제거되었다. 틴커캐드의 현재 버
    전은 〈그림 3.2〉를 참조하라. 틴커캐드의 베타 버전은 〈그림 3.4〉를 참조하라.

23  "Learn," Tinkercad, https://www.tinkercad.com/learn/.

24  For examples, see Miguel Figueroa, "In a Virtual World: How School,
    Academic, and Public Libraries Are Testing Virtual Reality in Their
    Communities," *American Libraries* 49, no. 3/4 (April 3, 2018): 26–33.

25  "Google Cardboard," https://vr.google.com/cardboard/.

26  가격대 및 기능별 VR 시스템 및 헤드셋에 대한 자세한 설명은 다음 논문을 보
    라. David Greene and Michael Groenendyk, "Virtual and Augmented Reality as
    Library Services," *Computers in Libraries* 38, no. 1(February 1, 2018): 4–7.

27  VR 구성 요소가 내장된 최근 메이커스페이스의 예는 텍사스의 Stephen F. Austin
    University의 Ralph W. Steen 도서관이다. VR 기반 메이커스페이스는 2006년
    에 문을 열었다. 접근방식은 다음 논문을 확인하라. Edward Iglesias, "Creating
    a Virtual Reality-Based Makerspace," *Online Searcher* 42, no. 1 (February 1,
    2018): 36–39.

28  Wade Roush, "This VR Exhibit Lets You Connect with the Human Side of
    War," *MIT Technology Review,* December 6, 2017, https://www.technology
    review.com/s/609316/this-vr-exhibit-lets-you-connect-with-the-human-side
    -of-war/.

29  "Force: Acceleration and Velocity," zSpace, https://zspace.com/edu/content/
    subjects/mathematics/functions/4061. For more examples of VR being used
    for different subjects, see https://zspace.com/edu/content.

30  메이커스페이스에 대한 강력한 사용 및 활용 사례를 수집하여 뉴스레터 형식

으로도 배포할 수 있다. University of Maryland Baltimore, Health Sciences and Human Services Library's Innovation Space의 온라인 뉴스레터 아카이브의 예를 참고하라. https://us5.campaign-archive.com/ home/?u=8d6a2c0e62ab4cc 63311ab6cd&id=7b7755271d.

## 4장 놀이, 교육 그리고 연구: 도서관을 통한 가상현실 탐색

1   Ivan E. Sutherland, "The Ultimate Display," *in Information Processing 1965: Proceedings of the International Federation of Information Processing Congress*, (Washington, DC: Spartan Books, 1965), 506−8.

2   Wayne E. Carlson, "Basic and Applied Research Moves in the Industry," in *Computer Graphics and Computer Animation: A Retrospective Overview* (Columbus: Ohio State University Press, 2017), chap. 4, 90–99, https:// ohiostate.pressbooks.pub/graphicshistory/.

3   Brad A. Myers, "A Brief History of Human-Computer Interaction Technology," *ACM interactions* 5, no. 2 (1998): 44–54.

4   Karen Paik, *To Infinity and Beyond! The Story of Pixar Animation Studios* (San Francisco: Chronicle Books, 2007), 12–27.

5   Erin Brannigan, Dancefilm: Choreography and the Moving Image (New York: Oxford University Press, 2011).

6   Elizabeth Ann Miklavcic and Jimmy Miklavcic, "Interplay: Performing on a High-Tech Wire (Collaborative, Real-Time, Distributed, Surrealistic Cinema)," (paper presented at the Utah Academy of Sciences, Arts, & Letters, 2007).

7   Nancy Lombardo, Kathleen B. Digre, and Larry Frohman. "Neuro-Ophthalmology Virtual Education Library (NOVEL: http://novel.utah .edu/)," *Journal of Neuro-Ophthalmology* 30, no. 3 (2010): 301–2, https://doi .org/10.1097/WNO.0b013e3181ebded8.

8   Erin Wimmer et al., "Medical Innovation Competition Information Support," in *Information and Innovation: A Natural Combination for Health Sciences Libraries* (Lanham, MD: Rowman & Littlefield, 2017), chap. 10, 99–116.

9   Tallie Casucci, "Information Needs of Medical Digital Therapeutics Personnel," in *Information and Innovation: A Natural Combination for Health Sciences Libraries* (Lanham, MD: Rowman & Littlefield, 2017), chap. 9, 89–98.

10　Roger Altizer Jr., "Library Champion," in eSynapse—*Eccles Health Sciences Library Newsletter* 29, no. 2 (Salt Lake City: University of Utah, 2014), 5–8, http://library.med.utah.edu/or/esynapse/2014-Vol29-No2.pdf.

## 5장  대학생을 위한 대안적 학술 세계

1　Michael Ferguson, "Creating Common Ground: Shared Reading and the First Year of College" *Peer Review* 8, no. 3 (summer 2006): 8–10.

2　다양한 장치와 플랫폼을 위한 수만 개의 타이틀이 있는 주요 온라인 게임 시장인 스팀Steam의 경우, 해당 서비스는 스팀 VRSteamVR을 통해 바이브Vive 및 오큘러스Oculus와 통합된다. 사서들은 스팀을 책은 없지만 더 화려한 GOBI 정도로 생각할 수 있다.

3　Oliver Kreylos, "Lighthouse Tracking Examined," *Doc-OK.org* (blog), May 25, 2016, http://doc-ok.org/?p=1478.

4　우리가 전해들은 한 가지 불만은 완전히 예측 가능한 것으로, 자신의 시스템의 우수성을 자랑스럽게 선언하는 특정 오큘러스 소유자로부터 나온 것이다.

5　완전히 무선으로 된 바이브는 라스베이거스에서 열린 2017 CESConsumer Electronics Show에서 호평을 받았다. 그해 상반기 내내 HTC의 웹사이트는 곧 출시될 것이라고 선전했을 뿐, 실제로 시스템에 대한 언급은 없었다. 2018년 가을에 이 회사는 마침내 소비자에게 300달러의 가격으로 바이브 무선 어댑터를 출시했다. 이 책이 출판될 때까지 우리는 이것이 배달되어 오기를 기다리고 있다. 짧은 코드나 블루투스를 통해 고글과 연결하는 간편한 벨트 장착 하드웨어를 사용하는 '연결되지 않은 시스템untethered systems', 즉 AR 공간의 아날로그는 게임용 컴퓨터가 필요 없는 매직 리프Magic Leap의 작은 독립형 프로세서로 운영되는 시스템은 이 대체 현실들alternative realities을 원활하게 경험하는 데 방해가 된다.

6　기괴함의 거장으로 평가되곤 하는 네덜란드의 화가이다. 초현실주의 화가들에게 영감을 주었다고 알려져 있다.

7　'시드마이어의 문명'이라는 시리즈 게임으로 유명한 게임 개발자이다. 본인 이름을 게임 타이틀 앞에 붙이는 작명으로 유명하다. '게임은 흥미로운 선택의 연속'이란 말로도 유명하다.

8　'동킹콩', '마리오' 시리즈, '젤다의 전설' 시리즈로 유명한 게임 개발자이다. 마리오의 아버지라고 불리며, 닌텐도의 역사와 함께한다.

9  마니아들이 달러 상점dollar store에서 미러 수영 고글mirrored swim goggles과 함께 동전 크기의 싱글 보드 컴퓨터를 사용하여 향수를 불러일으키는 바이브 및 스로바큘러스throwbaculus 경험을 만들 그때를 말한다.

## 6장  3D와 가상현실을 고등교육 과정의 학습 및 연구활동에 통합하기

1  CAVE는 여러 대의 비디오 프로젝터와 헤드 트래킹 센서를 사용하 이용자에게 몰입감 있고 입체적인 경험을 제공하는 방 크기의 가상 현실 공간인 CAVE 자동 가상 환경을 일컫는다. 이것은 다음 논문에서 처음 개발되고 제안되었다. Carolina Cruz-Neira et al., "The CAVE: Audio Visual Experience Automatic Virtual Environment," *Communications of the ACM* 25, no. 6(1992): 64–72.

2  Meredith Thompson, "Making Virtual Reality a Reality in Today's Classrooms," January 11, 2018, https://thejournal.com/Articles/2018/01/11/Making-Virtual-Reality-a-Reality-in-Todays-Classrooms.aspx?Page=4.

3  See Antonieta Angulo, "On the Design of Architectural Spatial Experiences Using Immersive Simulation," Conference Proceedings, Envisioning Architecture: Design, Evaluation, Communication (2013): 151–58; Abhishek Seth et al., "Virtual Reality for Assembly Methods Prototyping: A Review," Virtual Reality 15, no. 1 (2011): 5–20; Susan Jang et al., "Direct Manipulation Is Better Than Passive Viewing for Learning Anatomy in a Three-Dimensional Virtual Reality Environment," *Computers & Education* 106 (2017): 150–65; Andries van Dam, "Experiments in Immersive Virtual Reality for Scientific Visualization," *Computers & Graphics* 26, no. 4 (2002): 535–55.

4  Bireswar Laha et al., "Effects of VR System Fidelity on Analyzing Isosurface Visualization of Volume Datasets," *IEEE Transactions on Visualization and Computer Graphics* 20, no. 4 (2014): 513–22; Eric D. Ragan et al., "Studying the Effects of Stereo, Head Tracking, and Field of Regard on a Small-Scale Spatial Judgment Task," *IEEE Transactions on Visualization and Computer Graphics* 19, no. 5 (2013): 886–96.

5  오늘날 하드웨어는 특정 가상 거리를 넘어서는 유용한 깊이 신호depth cues를 해결하지 못한다. Mike Alger에 따르면 "가상 현실을 위한 시각적 디자인 방법"은 2015년 9월에 마지막으로 수정되었다. http://aperturesciencellc.com/vr/VisualDesignMethodsforVR_MikeAlger.pdf.

6    Ciro Donalek et al., "Immersive and Collaborative Data Visualization Using Virtual Reality Platforms," in Proceedings of 2014 *IEEE International Conference on Big Data* (2014): 609–14.

7    Bill Sherman, "Little Rock Immersive Visualization Bootcamp," last modified November 7, 2014, http://wiki.iq-station.com/index.php?title =Bootcamp_UALR.

8    "오클라호마 대학교, 125주년을 기념하여 전국적으로 '갈릴레오의 세계' 전시회를 개최합니다." 보도 자료, 2015년 4월 24일, https://lib.ou.edu/ documents/OU%20Galileo%27s%20World%20press%20release.pdf.

9    Meg Lloyd, "A Hub for Innovation and Learning," *Campus Technology* (January 1, 2018), https://campustechnology.com/articles/2018/01/31/ a-hub-for-innovation-and-learning.aspx.

10   Matt Enis, "University of Oklahoma Expands Networked Virtual Reality Lab," *Library Journal* (August 2016), http://lj.libraryjournal.com/2016/08/ academic-libraries/university-of-oklahoma-expands-networked-virtual -reality-lab/.

11   Aaron Bangor et al., "An Empirical Evaluation of the System Usability Scale," *International Journal of Human–Computer Interaction* 24, no. 6 (2008): 574–94.

12   Doug Bowman and Ryan McMahan, "Virtual Reality: How Much Immersion Is Enough?" *Computer* 40, no. 7 (2007), 36-43.

13   Lisa Castaneda et al., "Applied VR in the Schools, 2016–2017 Aggregated Report," Foundry 10, http://foundry10.0rg/wp-content/uploads/2017/09/ All-School-Aggregated-Findings-2016–2017.pdf.

14   Doug Boyer, "Virtual Fossils Revolutionize the Study of Human Evolution," Aeon (2016), https://aeon.co/ideas/virtual-fossils-revolutionise-the-study -of-human-evolution.

15   Homo heidelbergensis, Cranium, EA-DCC-03, Evolutionary Anthropology, Duke University, Durham, NC, www.morphosource.org/Detail/MediaDetail/ Show/media_id/6233.

16   Zack Lischer-Katz and Matt Cook, "Evaluating Virtual Reality Use in Academic Library-Supported Course Integrations: Methodology and Initial Findings" (poster presentation at the Association for Library and Information Science Education Annual Conference, Denver, CO, February

2018), https://hdl.handle.net/11244/54431.

17  Elizabeth Pober and Matt Cook, "The Design and Development of an Immersive Learning System for Spatial Analysis and Visual Cognition," in *Proceedings of Conference of the Design Communication Association* (2016), Bozeman, MT, September 7–10, 2016, www.designcommunication association.org/publications_proceedings.html.

18  Yifan Liu et al., "Workflows of Exporting Revit Models to Unity," report by Penn State CIC Research Group, last modified June 26, 2016, https://bim .wikispaces.com/file/view/Revit_3DS_Unity+Workflow.pdf.

19  에뮬레이션emulation에는 기존 시스템과 더 이상 호환되지 않는 이전 소프트웨어를 실행하기 위해 소프트웨어를 사용하여 이전 운영체제 구성을 복제하는 작업이 포함된다. 예를 들어 에뮬레이터emulators를 사용하여 현재 Mac 시스템에서 Mac OS6 소프트웨어를 실행할 수 있다.

20  Open Science Framework(https://osf.io/)과 Zenodo(https://zenodo.org/)는 모두 연구 데이터와 관련된 연구성과를 문서화하고 보관하기 위한 무료 플랫폼이다.

21  .x3d format에 대한 더 자세한 정보는 www.web3d.org/x3d/what-x3를 참고하라.

22  PARTHENOS(파르테노스) 프로젝트는 "예술과 인문학의 디지털 3D 개체: 창조, 상호 운용성 및 보존의 도전" 이라는 보고서에서 3D 모델을 문서화하는 데 유용할 수 있는 6가지 메타데이터 스키마를 식별했다. ARCO(Augmented Representation of Cultural Objects), CARARE 2.0(3D ICONS), CRMdig, LIDO, METS과 STARC 메타데이터 스키마 (https:// hal.inria.fr/hal01526713/file/White_Paper_3D_Parthenos_23052017. pdf). 3D-COFORM 프로젝트(https://www.brighton.ac.uk/research-and enterprise/groups/computing/3d-coform.aspx)와 고고학 데이터 서비스 (http://guides .archaeologydataservice.ac.uk/g2gp/CreateData_1–2) 3D 모델 생성과 설명을 위한 메타데이터 지침을 개발한다.

23  디지털 방식으로 구축된 문화 유산 및 유물의 3D 모델에 대한 투명성과 신뢰도를 확립하기 위한 일련의 원칙은 2006년 런던 헌장London Charter에서 성문화되었으며 현재는 두 번째 버전이다: www.londoncharter.org/introduction.html

24  "PARTHENOS Project Report," www.parthenos-project.eu/digital-3d -object-in-art-humanities/. The three IMLS-funded projects are "Developing Library Strategy for 3D and Virtual Reality Collection Development and Reuse," a partnership between Virginia Tech, Indiana University, and the

University of Oklahoma (https://lib.vt.edu/research-learning/lib3dvr.html); "Community Standards for 3D Data Preservation," a partnership between Washington University in St. Louis, the University of Michigan, and the University of Iowa (http://gis.wustl.edu/dgs/community-standards-for -3d-preservation-cs3dp-nation-forum-1-f1/); and "Building for Tomorrow: Collaborative Development of Sustainable Infrastructure for Architectural and Design Documentation," at the Frances Loeb Library at the Harvard University Graduate School of Design (https://projects.iq.harvard.edu/ buildingtomorrow).

25 "Developer Spotlight: Using Oculus Medium in Production," https://www .youtube.com/watch?v=KGgA6Q9EB4Y.

26 Dian Schaffhauser, "Multi-Campus VR Session Tours Remote Cave Art," *Campus Technology* (October 9, 2017), https://campustechnology.com/ articles/2017/10/09/multi-campus-vr-session-tours-remote-cave-art.aspx.

27 More information about the OpenXR project can be found at https://www .khronos.org/openxr/.

28 For more information on these sites, see Morphosource (www.morphosource. org/); African Fossils (http://africanfossils.org/); NIH 3D Print Exchange (https://3dprint.nih.gov/); and Sketchfab (https://sketchfab.com/).

29 For more information on the project at the University of Wyoming that is integrating 3D content into its Islandora-based repository, see this presentation by Chad Hutchens, head of digital collections: https://vimeo .com/218636796. The University of Virginia has been making its 3D content available via a 3DHOP deployment (e.g., http://fralin3d.iath.virginia.edu/ node/25) and through its data catalog (e.g., https://dataverse.lib.virginia .edu/dataset.xhtml?persistentId=doi%3A10.18130/V3/3I825Q). For more information about work being conducted at the Smithsonian Institution to develop a repository for 3D models, see http://dpo.si.edu/blog/ scaling-3d-digitization-smithsonian.

30 IIIF(http://iiif.io/)는 웹을 통해 정지 이미지에 대한 접근을 설명하고 제공하기 위한 일련의 API(응용프로그래밍 인터페이스)를 설정한다. 다른 도구 중에서 확장 또는 구조적 메타데이터에 대한 규정을 만든다. 이미지에 온라인으로 접근하기 위한 일련의 표준화된 프로토콜을 설정하면 IIIF 호환 뷰어와 응용 프로그램이 IIIF API로 접근할 수 있는 온라인 컬렉션을 정확하게 표시할

수 있다.

31 3D 스캐닝 프로젝트들은 VR이나 온라인에서 볼 수 있도록 데이터 축소의 한 형태인 '소멸되어야 하는decimated' 매우 높은 고해상도 모델을 생성한다. 도서관은 학술적 분석scholarly analysis을 위해 고해상도 모델을 유지하면서도 온라인 플랫폼을 통해 저해상도 3D 모델에 쉽게 접근할 수 있도록 해야 한다.

32 웹 사이트(http://vcg.isti.cnr.it/3dhop/)에 따르면 "3DHOP는 문화 유산 분야를 지향하는 고해상도 3D 모델의 대화형 웹 프레젠테이션을 만들기 위한 오픈 소스 소프트웨어 패키지이다."

33 Michael Buckland, "Information as Thing," *Journal of the American Society for Information Science* 42, no. 5 (1991): 351.

34 For a discussion of embodied browsing in virtual stacks, see Matt Cook, "Virtual Serendipity: Preserving Embodied Browsing Activity in the 21st Century Research Library," *Journal of Academic Librarianship* 44, no. 1 (2018): 145–49, https://doi.org/10.1016/j.acalib.2017.09.003.

35 VR은 Sheryl Sorby, "Developing Spatial Cognitive Skills between Middle School Students," Cognitive Processing 10(2009): S312–15과 Sheryl Sorby et al., "The Role of Spatial Training in Improving Spatial and Calculus Performance in Engineering Students," *Learning and Individual Differences* 26 (2013): 20–29에서 정의된 바와 같이 공학 및 수학과 같은 분야에서 학생들의 공간 인지 능력 개발에 기여할 수 있다.


## 7장 VR을 활용한 정보문해력 교육

1 Sara Rimer, "At MIT, Large Lectures Are Going the Way of the Blackboard," New York Times, January 12, 2009, https://www.nytimes.com/2009/01/13/us/13physics.html.

2 Rimer, "At MIT."

3 Sue Schallenbarger, "Most Students Don't Know When News Is Fake, Stanford Study Finds," *Wall Street Journal*, November 21, 2016.

4 Zahira Merchant et al., "Effectiveness of Virtual Reality-Based Instruction on Students' Learning Outcomes in K-12 and Higher Education: A Meta Analysis," *Computers & Education* 70 (2014): 31.

5 Esther Grassian and Rhonda Trueman, "Stumbling, Bumbling, Teleporting and

Flying... Librarian Avatars in Second Life," *Reference Services Review* 35, no. 1 (2007): 84–89. https://doi.org/10.1108/00907320710729382.

**6** Merchant et al., "Effectiveness," 36.

## 8장 도서관에서의 증강현실: 보안 우선 구현 전략

**1** Jose Pagliery, "The Deep Web You Don't Know About," CNN, last modified March 10, 2014, http://money.cnn.com/2014/03/10/technology/deep-web/index.html.

**2** Maria Korolov, "The Real Risks of Virtual Reality," Risk Management 61, no. 8 (2014): 20–24.

**3** Paula Epure et al., "The Effect of Oculus Rift HMD on Postural Stability," Proceedings of the 10th International Conference on Disability Virtual Reality and Associated Technologies, 2014.

**4** "Top 10—2017," Open Web Application Security Project, last modified March 27, 2018, https://www.owasp.org/index.php/Top_10–2017_Top_10.

**5** Joshua Meredith, "Augmented Reality and Cybersecurity Will Headline 2018's CES," Georgetown School of Continuing Studies, last modified November 9, 2017, https://scs.georgetown.edu/news-and-events/article/6924/augmented-reality-and-cybersecurity-will-headline-2018s-ces.

**6** Lee Rainie, "10 Facts about Smartphones as the iPhone Turns 10," Pew Research Center, last modified June 28, 2017, www.pewresearch.org/fact-tank/2017/06/28/10-facts-about-smartphones/.

**7** Brigitte Bell and Terry Cottrell, "Hands-Free Augmented Reality: Impacting the Library Future," in *The Top Technologies Every Librarian Needs to Know: A LITA Guide*, ed. Kenneth J. Varnum (Chicago: American Library Association, 2014).

**8** Tim Sparapani, "Can We Have Our Virtual Reality Cake and Eat It Too?" *Forbes*, last modified August 16, 2017, https://www.forbes.com/sites/timsparapani/2017/08/16/can-we-have-our-virtual-reality-cake-and-eat-it-too/ #22f082145369.

**9** Mary Lynne Nielsen, "Augmented Reality and Its Impact on the Internet, Security, and Privacy," Beyond Standards (IEEE Standards Association), last

modified July 10, 2015, https://beyond standards.ieee.org/augmented
-reality/augmented-reality-and-its-impact-on-the-internet-security-and
-privacy/.

10 "Morphis Motion Theatre Capsule Simulator," Pulseworks Web, last modified
2018, https://www.pulseworks.com/products/morphis-motion-theater
-capsule-simulator.

11 Matthew Hettrich, "Data Privacy Regulation in the Age of Smartphones,"
*Touro Law Review* 31, no. 4 (2015): 17.

12 Monica Anderson, "Key Takeaways on Mobile Apps and Privacy," Pew
Research Center, last modified November 10, 2015, www.pewresearch.org/
fact-tank/2015/11/10/key-takeaways-mobile-apps/.

13 Zhen Yu et al., "An Exploration of Usable Authentication Mechanisms for
Virtual Reality Systems," paper presented at Circuits and Systems (APCCAS):
The 2016 IEEE Asia Pacific Conference, 2016.

14 Jonathan Gurary, Ye Zhu, and Huirong Fu, "Leveraging 3D Benefits for
Authentication," *International Journal of Communications, Network and
System Sciences* no. 8 (2017): 324.

15 Robert Künnemann and Graham Steel. "YubiSecure? Formal Security
Analysis Results for the Yubikey and YubiHSM." *Revised Selected Papers of the
8th Workshop on Security and Trust Management*, 2012.

16 "Facebook Bigger Than 3 of the World's Biggest Countries," CBS News, last
modified June 27, 2017, https://www.cbsnews.com/news/facebook-users
-2-billion-biggest-countries/.

## 9장 가상 증강현실과 도서관을 위한 법적 시사점

1 다음은 교육적 목적educational purpose을 위한 것이며 법적 조언으로 간주되어서
는 안 된다. AR/VR과 같은 새로운 기술에 적용된 다음과 같은 법적 원칙의 복
잡성은 법조계에서 풀리지 않는 많은 질문을 만들어 냈다. 많은 법학자들은
이러한 문제 중 많은 부분이 향후 몇 년 동안 법률이나 법원을 통해 명확해질
것으로 기대하고 있다.

2 17 U.S.C. § 102.

3 *Feist Publications, Inc. v. Rural Tel. Serv. Co.*, 499 U.S. 340, 361 (1991).

4   Melville B. Nimmer and David Nimmer, *Nimmer on Copyright* § 13.01[A]
    (2011).

5   Nimmer and Nimmer를 보라; *U.S. Department of Justice Criminal Resources
    Manual 1854*도 보라.

6   See 17 U.S.C. § 109(d).

7   *미국 법무부 범죄 자원 매뉴얼 1854.8*을 참조하라.

8   장비를 판매하지만 장비를 작동시키는 소프트웨어에 대한 통제력을 유지하
    려고 하는 회사에 대해 광범위한 논쟁이 있었다.

9   17 U.S.C. § 512(k).

10  17 U.S.C. § 107을 보라.

11  17 U.S.C. § 107을 보라.

12  15 U.S.C. § 1127.

13  15 U.S.C. §§ 1114, 1125.

14  *Polaroid Corp. v. Polarad Elect. Corp.*, 287 F.2d 492 (2d Cir.), cert. denied, 368
    U.S. 820 (1961).

15  35 U.S.C. 271을 보라.

# 참고문헌

## 1장 증강현실: 홀로그램의 모든 것

Aggie Librarians NMSU. "Augmented Reality." Last modified February 25, 2014.
    lib.nmsu.edu/liblog/augmented-reality/.

Association for Psychological Science. "Augmented-Reality Technology Could
    Help Treat 'Lazy Eye.'" Science Daily. 2017. https://www.sciencedaily.com/
    releases/2017/12/171205115939.htm.

Augmented Reality / 13 Augment. "Infographic: The History of Augmented
    Reality." Last modified May 12, 2016. www.augment.com/blog/infographic-
    lengthy-history-augmented-reality/.

Bolkan, Joshua. "Virtual and Augmented Reality to Nearly Double Each Year
    through 2021." Last modified December 4, 2017. https://thejournal.com/
    articles/2017/12/04/virtual-and-augmented-reality-to-nearly-double-each
    -year-through-2021. aspx.

Boyles, Brian. "Virtual Reality and Augmented Reality in Education? 2017. https://
    www.usma.edu/cfe/Literature/Boyles_17.pdf.

Brett, Heidi. "Augmented Reality Is a Reality." Last modified March 20, 2017.
    https://attheu.utah.edu/facultystaff/augmented-reality-is-a-reality/.

Ferris, Robert. "Alibaba-Backed Augmented Reality Start-Up Makes Driving Look
    like a Video Game." Last modified November 28, 2017. https://www.cnbc.
    com/2017/11/28/wayray-uses-augmented-reality-to-turn-driving-into-a-
    video-game.html.

Fiegerman, Seth. "Google Glass Is Back, with a New Vision? Last modified July
    18, 2017. money, cnn. com/2017/07/18/technology/ gadgets/go ogle-glass-
    returns/index.html.

Fong, Joss. "The NFLs Virtual First-Down Line, Explained." Last modified
    January 23, 2017. https://www.vox.eom/2016/2/6/10919538/nfl-yellow-
    line.

Forbes Agency Council. "13 Ways Augmented Reality Technology Can Work to Your Advantage? Last modified November 11, 2017. https://www.forbes.com/sites/forbesagencycouncil/2017/11/16/13-ways-augmented-reality-technology-can-work-to-your-advantage/#29e7e0cc257a.

Hall. Jason. "How Augmented Reality Is Changing the World of Consumer Marketing." Last modified November 8, 2017. https://www.forbes.com/sites/forbesagencycouncil/2017/11/08/how-augmented-reality-is-changing-the-world-of-consumer-marketing/#31e4506d54cf.

Harrison, Sandra. *White Plains*, New York: A City of Contrasts. Lulu, 2014.

Heath, Alex. "Elon Musk Has Raised $27 Million to Link Human Brains with Computers? Last modified August 25, 2017. www.businessinsider.com/elon-musk-neuralink-raises-27-million-2017-8.

Hellyar, Diana. "Guest Post: Diana Hellyar on Library Use of New Visualization Technologies. n Last modified April 26, 2016. informatics.mit.edu/blog/guest-post-diana-hellyar-library-use-new-visualization-technologies.

HTC Vive. "Vive." https://www.vive.com/us 入

Ireton, Daniel L., Joelle Pitts, and Benjamin Ward. "Library Discovery through Augmented Reality: A Game Plan for Academics? Technology Collection. 2014. ijt.cgpublisher.com/product/pub.42/prod.965.

Isidore, Chris. "Fans' Bottom-Line Loss." Last modified October 16, 2001. money.cnn .com/2001/10/16/companies/column_sportsbiz/.

Jackson, Cheryl V. "How Libraries Are Using Technology to 'Stay Up to Speed* with Patrons. M Last modified February 6, 2015. www. Chicago tribune.com/bluesky/originals/chi-american-library-association-meeting-bsi-20150205-story.html.

LeFebvre, Rob. "Microsoft's Next-Gen HoloLens Reportedly Wont Arrive until 2019." Last modified February 20, 2017. https://www.engadget.com/2017/02/20/next-gen-hololens-2019/.

Levski, Yariv. "10 Augmented Reality Books That Will Blow Your Kids Mind." https://appreal-vr.com/blog/10-best-augmented-reality-books/.

Lohr, Linda. "The Stereoscope: 3D for the 19th Century." libweb.lib.buffalo.edu/hslblog/history/?p=l 512.

Malik, Om. "Pokemon Go Will Make You Crave Augmented Reality." Last modified July 12, 2016. https://www.newyorker.com/tech/elements/

pokemon-go-will-make-you-crave-augmented-reality.

Matney, Lucas. "Apple Acquired Augmented Reality Headset Startup Vrvana for
$30M." Last modified November 12, 2017. https://techcrunch.com/2017/
ll/21/apple-acquires-mixed-reality-headset-startup-vrvana-for-30m/.

*Merriam-Webster Dictionary*. "Augmented Reality." https://www.merriam-webster.
com/dictionary/augmented%20reality.

Morgan, Blake. "Augmented Reality and the Fourth Transformation?
Last modified November 30, 2017. https://www.forbes.com/
sites/blakemorgan/2017/11/30/augmented-reality-and-the-4th-
transformation/#7 cbece8d4bb3.

NCSU Libraries. "Virtual Reality & Augmented Reality." https://www.lib.ncsu.
edu/do/virtual-reality.

Oculus Rift. "Oculus." https://www.oculus.com/rift/.

Reynolds, Siimon. "Why Google Glass Failed: A Marketing Lesson."
Last modified February 5, 2015. https://www.forbes.com/sites/
siimonreynolds/2015/02/05/why-google-glass-failed/#395baf2e51b5.

Riel, Jeremy. "Augmented Reality in the Classroom." Last modified March 7, 2016.
education.uic.edu/academics-admissions/student-life/augmented-reality-
classroom.

Schaub, Michael. "'Pokemon Go' Sends Swarms of Players to Bookstores and
Libraries. But Will They Remember the Books?" Last modified July 13,
2016. www.latimes.com/books/la-et-jc-pokemon-go-books-20160713-snap-
htmlstory.html.

Strange, Adar io. "Oculus Installing Free VR Systems in Nearly 100 California
Libraries. Mashable. Last modified June 7, 2017. mashable.com/2017/06/07/
oculus-rift-library-project/.

Vanian, Jonathan. "Amazon Takes a Trip in Virtual and Augmented Reality? Last
modified November 27, 2017. fortune.com/2017/ll/27/amazon-virtual-
reality-augmented-sumerian/.

Volpe, Joseph. "Microsoft's HoloLens Is Now Ready for Developers? Last
modified February 29, 2016. https://www.engadget.com/2016/02/29/
microsoft-hololens-developer-preorders/.

Wang, Amber. "Quiver Is the 3D Augmented Reality Coloring App for Adults?
Last modified December 4, 2017. https://www.gearbrain.com/quiver-3d-

coloring-app-review-2514323764.html.

White Plains Public Library. "Our Mission? https://whiteplainslibrary.org/
    policies/mission/.

Williams II, Dennis. "Did Sports Really Pave the Way for Augmented
    Reality?" Last modified August 17, 2016. https://www.huffingtonpost.
    com/entry/did-sports-really-pave-the-way-for-augmented-reality_
    us_57b4889be4b03dd53808f61d.

Zak, Elizabeth. "Do You Believe in Magic? Exploring the Conceptualization of
    Augmented Reality and Its Implications for the User in the Field of Library
    and Information Science." *Information Technology and Libraries*, 2014.
    https://ejournals.bc.edu/ojs/index.php/ital/article/view/5638.

## 6장 3D와 가상현실을 고등교육 과정의 학습 및 연구활동에 통합하기

Alger, Mike. "Visual Design Methods for Virtual Reality." Last modified September
    2015. http://aperturesciencellc.com/vr/VisualDesignMethodsforVR_
    MikeAlger.pdf.

Angulo, Antonieta. "On the Design of Architectural Spatial Experiences Using
    Immersive Simulation." In *Proceedings of the EAEA 11 Conference,
    Envisioning Architecture: Design, Evaluation, Communication*, 151–58.
    Milan, Italy, September 25-28, 2013. Rome: Edizioni Nuova Cultura 2013.

Bangor, Aaron, Philip T. Kortum, and James T. Miller. "An Empirical Evaluation
    of the System Usability Scale." *International Journal of Human–Computer
    Interaction* 24, no. 6 (2008): 574–94.

Bowman, Doug A., and Ryan P. McMahan. "Virtual Reality: How Much Immersion
    Is Enough?" *Computer* 40, no. 7 (2007): 36-43.

Boyer, D. "Virtual Fossils Revolutionize the Study of Human Evolution." Aeon.
    Last modified February 25, 2016. https://aeon.co/ideas/virtual-fossils-
    revolutionise-the-study-of-humanevolutio.

Buckland, Michael K. "Information as Thing." *Journal of the American Society for
    Information Science* 42, no. 5 (1991): 351–60.

Castaneda, Lisa, A. Cechony, and A. Bautista. "Applied VR in the Schools, 2016–
    2017: Aggregated Report." Report by Foundry 10. September 2017. http://

foundry10.0rg/wp-content/uploads/2017/09/All-School-Aggregated-Findings-2016–2017.pdf.

Cook, Matt. "Virtual Serendipity: Preserving Embodied Browsing Activity in the 21st Century Research Library." *Journal of Academic Librarianship* 44, no. 1 (2018): 145–49. https://doi.org/10.1016/j.acalib.2017.09.003.

Cruz-Neira, Carolina, Daniel J. Sandin, Thomas A. DeFanti, Robert V. Kenyon, and John C. Hart. "The CAVE: Audio Visual Experience Automatic Virtual Environment." *Communications of the ACM* 35, no. 6 (1992): 64–73.

Donalek, Ciro, George Djorgovski, A. Cioc, A. Wang, J. Zhang, E. Lawler, S. Yeh, et al. "Immersive and Collaborative Data Visualization Using Virtual Reality Platforms." In Proceedings of *2014 IEEE International Conference on Big Data* (2014): 609–14.

Enis, Matt. "University of Oklahoma Expands Networked Virtual Reality Lab." *Library Journal*, August 2016. http://lj.libraryjournal.com/2016/08/academic-libraries/university-of-oklahoma-expands-networked-virtual-reality-lab/.

Jang, Susan, Jonathan M. Vitale, Robert W. Jyung, and John B. Black. "Direct Manipulation Is Better Than Passive Viewing for Learning Anatomy in a ThreeDimensional Virtual Reality Environment." *Computers & Education* 106 (2017): 150–65.

Laha, Bireswar, Doug A. Bowman, and John J. Socha. "Effects of VR System Fidelity on Analyzing Isosurface Visualization of Volume Datasets." *IEEE Transactions on Visualization and Computer Graphics* 20, no. 4 (2014): 513–22.

Lischer-Katz, Zack, and Matt Cook. "Evaluating Virtual Reality Use in Academic Library-Supported Course Integrations: Methodology and Initial Findings." Poster presentation at the Association for Library and Information Science Education Annual Conference, Denver, CO, February 2018. https://hdl.handle.net/11244/54431.

Liu, Yifan, et al. "Workflows of Exporting Revit Models to Unity." Report by Penn State CIC Research Group. Last modified June 26, 2016. https://bim.wikispaces.com/file/view/Revit_3DS_Unity+Workflow.pdf.

Lloyd, Meg. "A Hub for Innovation and Learning." Campus Technology, January 31, 2018. https://campustechnology.com/articles/2018/01/31/a-hub-forinnova tion-and-learning.aspx.

Pober, Elizabeth, and Matt Cook. "The Design and Development of an Immersive
Learning System for Spatial Analysis and Visual Cognition." *In Proceedings
of Conference of the Design Communication Association*, Bozeman,
MT, September 7–10, 2016. www.designcommunicationassociation.org/
publications_proceed ings.html.

Ragan, Eric D., Regis Kopper, Philip Schuchardt, and Doug A. Bowman. "Studying
the Effects of Stereo, Head Tracking, and Field of Regard on a Small-Scale
Spatial Judgment Task." *IEEE Transactions on Visualization and Computer
Graphics* 19, no. 5 (2013): 886–96.

Schaffhauser, Dian. "Multi-Campus VR Session Tours Remote Cave Art."
*Campus Technology*, October 9, 2017. https://campustechnology.com/
articles/2017/10/09/multi-campus-vr-session-tours-remote-cave-art.aspx.

Seth, Abhishek, Judy M. Vance, and James H. Oliver. "Virtual Reality for Assembly
Methods Prototyping: A Review." *Virtual Reality* 15, no. 1 (2011): 5–20.

Sherman, Bill. "Little Rock Immersive Visualization Bootcamp." Last modified
November 7, 2014. http://wiki.iq-station.com/index.php?title=Bootcamp_
UALR.

Sorby, Sheryl. "Developing Spatial Cognitive Skills among Middle School
Students," *Cognitive Processing* 10 (2009): S312–15.

Sorby, Sheryl, Beth Casey, Norma Veurink, and Alana Dulaney. "The Role
of Spatial Training in Improving Spatial and Calculus Performance in
Engineering Students." *Learning and Individual Differences* 26 (2013): 20–29.

Thompson, Meredith. "Making Virtual Reality a Reality in Today's
Classrooms." *THE Journal*, January 11, 2018. https://thejournal.com/
articles/2018/01/11/making-virtual-reality-a-reality-in-todays-classrooms.
aspx.

Van Dam, Andries, David H. Laidlaw, and Rosemary Michelle Simpson.
"Experiments in Immersive Virtual Reality for Scientific Visualization."
*Computers & Graphics* 26, no. 4 (2002): 535–55.

# 7장 VR을 활용한 정보문해력 교육

Condic, Kristine. "Using Second Life as a Training Tool in an Academic Library." *The Reference Librarian* 50, no. 4 (2009): 333–45.

Freeman, S., S. L. Eddy, M. McDonough, M. K. Smith, N. Okoroafor, H. Jordt, and M. P. Wenderoth. "Active Learning Increases Student Performance in Science, Engineering, and Mathematics." *Proceedings of the National Academy of Sciences of the United States of America* 111, no. 23 (June 10, 2014): 8410–15.

Grassian, Esther, and Rhonda Trueman. "Stumbling, Bumbling, Teleporting and Flying...Librarian Avatars in Second Life." *Reference Services Review* 35, no. 1 (2007): 84–89. doi:10.1108/00907320710729382.

Merchant, Zahira, Ernest T. Goetz, Lauren Cifuentes, Wendy Keeney-Kennicutt, and Trina J. Davis. "Effectiveness of Virtual Reality-Based Instruction on Students' Learning Outcomes in K-12 and Higher Education: A Meta-Analysis." *Computers & Education* 70 (2014): 29–40.

Rimer, Sara. "At MIT, Large Lectures Are Going the Way of the Blackboard." *New York Times*, January 12, 2009. https://www.nytimes.com/2009/01/13/us/13physics.html.

Santos, Jonathan Faustino, and Sharon Maria Esposo-Betan. "Advantages and Challenges of Using Augmented Reality for Library Orientations in an Academic/Research Library Setting." Proceedings of the IATUL Conferences. Paper 7. https://docs.lib.purdue.edu/iatul/2017/challenges/7/.

Shellenbarger, Sue. "Most Students Don't Know When News Is Fake, Stanford Study Finds." *Wall Street Journal*, November 21, 2016, Life & Arts section.

# 색인

1st & Ten computer system 017
1976년 저작권법 215
20인승 캡슐 AR 시뮬레이션 모듈(Morphis)
    203
2차원 3D 모델링 응용 065
360도 비행 시뮬레이터 모델 203
3D-HOP 155
3DPass 208
3D 객체들 050
3D 암호 207
3D 프린터 063

## A

A-Frame, 모질라 039, 053-054
Another Language Performing Arts Company
    088
AR(증강현실)
  AR 키트 030
  개인정보와 데이터 229-230
  건축학과 학생들이 만난 증강현실 100
  기록관 150
  기술 트렌드 060-062

  미래 028-033, 130-133
  상표권 223-225
  저작권 213-222
  증강도서관 019-021
  증강현실 개요 014-018
  특허 226-228
  화이트 플레인스 공공도서관(WPPL) 022-027
  확장현실 041
ART
  AR 컬러링북 024-027
  KU도서관의 AR 124

## C

CALIFA(칼리파) 057
CES(Consumer Electronics Show) 198
ChoreograFish 104
COLLADA 파일 형식 149

## G

Games4Health 097
Gravity Sketch Pro 068
GuriVR.com 055
Google Cardboard
  도서관 메이커스페이스를 위한 079
  사양/제어 044
  스팀웍스 메이커스페이스 122
  HPPL에서 VR을 위한 037
  VR 제작을 위한 038
  VR 프로젝트를 위한 175-177

## H

HTML 051-055
HTC 바이브
  3D 모델링을 위한 068-069
  MakeVR Pro 069
  메리어트 도서관 091-094

HTC 바이브의 출시 060, 136
스팀웍스 메이크스페이스를 위한 HTC 바이
　브 119-121
VR 3D 모델링을 위한 067-069
놀이를 위한 VR 095

**J**

J. 윌라드 메리어트 도서관(메리어트) 089-090
VR 도입 089-090
AR/VR 020-021
교육을 위한 VR 099-102
놀이를 위한 VR 095-093
VR의 미래 106-108

**I**

IIIF(International Image Interoperability
　Framework) 155
imrsv.data 048-049
ISTI-CNR 비주얼 컴퓨팅 랩 155

**M**

MasterpieceVR 068
Mythical Maze 020
MR(혼합현실)
정의 004-006, 015
확장현실 041
디지털 요소와 물리적 세계의 융합 012
기술 트렌드 060-062

**N**

NASA 제트 추진 연구소 061
NFL(National Football League) 017
NIH 3D 프린터 거래소 154

**O**

OBJ 파일 형식 067

**P**

PARTHENOS 150
PSVR 096

**S**

ShapeLab 068
Show Me 튜토리얼 078
STL 067

**T**

The Enemy(VR 미술 전시회) 082
The Garden of Earthly Delight(보스) 126
The Lab 애플리케이션 127
The Night Café 애플리케이션 126
The VR Museum of Fine Art 126
TOR 브라우저 192

**V**

VARlibraries 057
VHIL(Virtual Human Interaction Lab) 181
Vidcode 045
Vive Trackers 096
VR 전송기 202
VR 코스 통합 141, 143-146
VR 큐레이션과 문제들 147-151
VR 헤드셋
발전 029-033
미래 032-033
WPPL의 023-024
HTC 바이브/오큘러스 리프트 067

**X**

X3D 149

**Z**

Z스페이스 082

ㄱ

가상의료기록 104

가트너 060

가짜 뉴스

　시나리오 VR 프로젝트 170-172

　가짜 뉴스에 대한 연구 161

간호학과 학생 100

갈릴레오 174

개방형 XR 프로젝트 154

게이즈 제스처 143

게임

　The GApp Lab  103

　KU의 스팀웍스에서 인기 있는 타이틀 128

　놀이를 위한 VR 096

게임 디자인 문서(GDD) 178

게임 시스템 090

경험 125-130

경험의 깊이 176

고등교육

　VR의 미래 방향 152-156

　오클라호마 가상 학술 실험실 142-146

　VR, 큐레이션/보존에 대한 문제 147

　VR의 영향 136-138

공간 매핑 043

공정 이용

　저작권, 최종 이용자 221-222

　명목상 공정 이용 224

교육

　VR을 활용한 정보문해력 교육 160-185

　교육을 위한 VR 099-102

　연구를 위한 VR 103-105

과학적 시각화 046

구글 글래스 016

구글 번역 018

구글 블록(Google Blocks) 068, 129

구글 어스 VR 100

구글 엑스페디션 061

구리(Guri) 055

그리드 056, 075-077


ㄴ

나이앤틱(Niantic) 226

노스캐롤라이나주립대학 도서관시스템 021

뉴멕시코주립대학 032

뉴욕주 페이엣빌 공공도서관 061

능동적 학습 기술

　선행연구 분석 164-167

　전환 160-163


ㄷ

다크 웹 192

대학도서관

　증강현실 190-193

　VR의 미래 방향 152-156

　VR을 활용한 정보문해력 교육 160-185

　오클라호마대학에서의 VR 139-146

　VR 큐레이션과 보존 문제들 147-158

　VR의 의의 136-138

　유타대학에서 VR의 시작 087-088

　접근, 개인정보 보호 및 보완 201-205

　과거와 현재 190-193

　미래 예측, 권장 사항 206-209

　공공도서관 194-196

　필스웍스 202-205

　보안 문제 188-189

　특수도서관 199-200

대화형 미디어 090

댄 자이즈밴드 055

더 허브 023

데이비드 에반스 087

데이터

　개인정보 229-230

이용자 데이터 201
데이터베이스 208
데이터시각화
  협업 시각화 공간 046
  소프트웨어 도입 152-153
도서 전시 031
도서관혁신팀(LIT) 097
디지털 콘텐츠
  VR, AR, MR 040
  디스커버리 VR 061
  지지털 미디어 전문가 023
  디지털 밀레니엄 저작권법 219
  문서작업 092
  발견 197-198
  증강현실 015
딜로이트 061

ㄹ
라이선스 계약 215
랑가나단 112
랜섬 스튜디오 097
레논 이미지 테크놀로지스 227
로저 알타이저 104

ㅁ
마이크로소프트 227
마이클 버클랜드 155
마인웨이즈 047
마인크래프트 047
마크 저커버그 057
멀미 177
메리 린 닐슨 202
메시 064
메시 오류 064
메타데이터 147
명목상의 공정 이용 224

모르포소스 143
몰입형 환경 060
무한 도서관 178-182
물리적 보안 207, 209
미디엄 068
미래
  AR을 위한 보안 206-209
  도서관에서 AR 031-033
  도서관에서의 XR 기술 063-066
미러링 도구 076
미술 전공 학생들 100
밀그램 041

ㅂ
바르바로 테크놀로지스 226
박물관과 도서관 서비스 연구소 151
발작 위험 195
보건과학
  The GApp Lab 103
  에클스 도서관의 VR 090-091
  치과대학에서의 VR 프로젝트 101-102
보존 147-151
부이 투엉 퐁 088
브라이언 컬스 038
블레이크 모건 028
블룸 제스처 043
비디오 게임 090, 092-093, 114
비용
  VR 대중화 036
  VR, 비용 절감 방법 175-177
  VR 장비 079, 121
비행 시뮬레이터 202
빼기 071-073

ㅅ
사서-봇 179-180

사이버보안

AR 개인정보 보호 및 보안 201-202

대학도서관에서의 AR 197-198

사진 측량 137

상표권 223-225

샘 와인버그 161

서비스 모델 093

서비스 제공자 219

세이프 하버 조항 219

세인트루이스 과학센터 203

세컨드 라이프 171

센서 069, 091, 167

소프트웨어

소피아 프로젝트 181

스마트폰

AR 기술 017

AR 사이버 보안 198

AR을 위한 구글 카드보드 038

스냅챗 018

스케치팹 154

스코피스 061

스트라이커 061

스팀 VR 스토어 126

스팀웍스 124, 128

슬라이스 도구 071-073

시카고 자연사 박물관 203

신경해부학 프로젝트 091

신뢰 173-174

실제 시나리오

비용 절감을 위한 175-177

의미 있는 학습을 위한 172

ㅇ

아마존 030

아프리카 화석 143

암호 207-209

애플 030

애플리케이션

3D 모델링 067-068

MakeVR Pro vs. 틴커캐드 069-078

대학도서관에서의 증강현실 197-198

특수도서관에서의 증강현실 199-200

퀴버 앱 024-025

에드 캣멀 088

에스포소-베탄 166

에어 탭 043

엔터테인먼트 예술 및 엔지니어링(EAE) 프로
그램

메리어트도서관 091

시리어스 게임 104

에클스 과학도서관 090

엘렌 브룸버그 088

엘리자베스 잭 019

오르가논 VR 133

오큘러스 DK2 140

옴 말리크 015

운영자 218-220

워싱턴 포스트 054

웹 기반 VR 153-154

웹3D 컨소시움 161-162

웹VR 057, 154

웹VR 스타터 키트 038

위치 기반 앱 199

의료혁신센터 103

이반 서덜랜드 087

이케아 플레이스 018, 030

인그레스 227

인터넷 190-193

일론 머스크 032

일반 데이터 보호 규정 229

ㅈ

자기 발견 184, 190

작업 평면 094

장비

　3D 모델링을 위한 VR 장비와 앱 067-068

　HTC 바이브 설치와 통합 124-125

　놀이를 위한 VR 095-098

　메리어트도서관 116-118

　비용 절감 VR 프로젝트 175-177

　스팀웍스 메이커스페이스 117-118

저작권 213-222

저작권 소유자 215-218

접근

　AR 고려사항 201

　AR 암호 206-209

　보안 188

　증강현실 190

정렬 074-076

정밀 도구 073-076

제작자 216-218

존 워녹 088

중부내륙지역 의학도서관연합 091

증강현실 004-007

지리학과 학생 100

지적 재산권법

　개인정보와 데이터 229-230

　상표권 223-225

　저작권 213-222

　특허 226-228

직업 시뮬레이터 127

짐 카지야 088


ㅊ

찰스 휘트스톤 016

체어 온 레일 어셈블리 142

최종 이용자 221-222

최초 판매 원칙 215

추가 툴 073

추적 툴 071

충실도 139, 176

치과대학 100

치의학과 학생들 100


ㅋ

카림 벤 켈리파 082

칼 위먼 161

캔자스주립대학교 020

캘리포니아 021, 057

커츠타운대학(KU)

　HTC 바이브를 선택한 이유 122-124

　VR의 기술 119-121

　VR의 미래 방향 130-133

　VR의 영향 125-130

　기관 개요 116-118

컨트롤러

　HTC 바이브 119-121

　HTC 바이브/오큘러스 리프트 068

컴퓨터

　3D 모델링 063-066

　3D 모델링을 위한 VR 장비와 앱 067-078

　스팀웍스 메이커스페이스 117

　컴퓨터 그래픽 산업 087

컬러링북 024

콘택트렌즈 032

케이블

　CAD(Computer Aided Design) 061

　HTC 바이브 119-121

　OVAL 워크스테이션 143

코스 통합 143-146

콘텐츠 제작

　3D 모델링 도구 136-137

　상표권 223-225

　오픈 웹에서의 VR 콘텐츠 제작 051-053

　오클라호마 가상 학술 실험실 142

저작권 소유권 217

**큐레이터**

AR/VR 저작권 217-218

도서관에서의 상표권 223-225

퀴버 024-026

크로노스 그룹 154


**ㅌ**

탐색 069

텍스처 도구 076

특수도서관에서의 AR 199-200

틴커캐드(Tinkercad) 065, 068-071

틸트 브러시(Tilt Brush) 129


**ㅍ**

**파일 형식**

3D 모델링을 위한 067-068

3D 콘텐츠 보관을 위한 149-150

펄스웍스 202-205

펜실베이니아주립대학 고등교육 시스템
(PASSHE) 116

포브스 에이전시 이사회 014, 030

포켓몬 고 005, 021

푸미오 키시노 041

퓨 리서치 206

프로토스페이스 061

플랫폼 사례 042-046

플립형 교실 커리큘럼 169

피봇 이동 075-076


**ㅎ**

**하드웨어**

AR/VR 저작물 213

AR/VR 특허 226-228

AR 하드웨어, 보안 문제 207

노후 관리 148-149

메리어트와 에클스 도서관의 VR 하드웨어
096-097

스팀웍스 메이커스페이스 119-121

오클라호마 도서관 VR 하드웨어 142

저작권, 작가/제작자 213-222

**하이브리드 현실 177**

**하이랜드 파크 공공도서관(HPPL)**

VR 플랫폼 사례 042-046

도서관에서의 XR 기술 활용과 미래 방향 056-
057

오픈 웹에서의 VR 콘텐츠 제작 050-055

홀로렌즈/협업 시각화 공간 046-049

VR 037-039

**학부**

OU 도서관의 코스 통합 143-146

강의/능동적 학습 지도 160-163

**헤드업 디스플레이 005**

**헤드 마운트 디스플레이(HMDs)**

AR의 건강 위험 195-196

미래 방향 152-153

오클라호마대학 도서관 140-141

**헨리 고로 088**

**협업 시각화 공간 046-049**

**홀로그램**

AR의 개요 014-018

AR과 홀로그램 012

도서관의 AR 미래 031-033

마이크로소프트 홀로렌즈 023

무한 도서관에서의 홀로그램 180

**홀로렌즈 042-044**

**홀로아나토미 047**

**홀로터치 227**

**확장 069-071**

**확장현실(XR)**

Eye of the Owl 126-127, 131

HPPL에서의 VR 037-039

도서관에서의 XR의 미래 056-057

플랫폼 사례들 042-049

홀로렌즈와 협업 시각화 공감 046-049

확장현실/오픈 웹에서의 VR 콘텐츠 제작
050-055

히에로니무스 보스(Hieronymus Bosch)
126

# 저자 소개

브리짓 벨*Brigitte Bell*은 2012년 세인트 프랜시스대학*University of St. Francis*에서 교육 사서*instruction librarian*로 도서관 직원에 합류했다. 그녀는 현재 도서관의 참고봉 사 및 교육과 관련된 일을 맡아 운영하고 있다. 벨은 2010년에 도미니칸대학 *Dominican University*에서 영어 학사학위를, 2012년에 문헌정보학 석사학위*MLIS*를 받 았다. 2007년부터 2010년까지 도미니칸 대학도서관에서 도서관 업무를 처음 시작하였다. 도서관 교육 관련 자료를 개발하고 제공하는 일 이외에도 세인트 프랜시스대학의 신입생 1년 체험 프로그램을 운영하고 경영대학원*business school* 에서 강의하고 있다. 현재 경영학 석사과정*MBA*을 밟고 있다.

탈리 카수치*Tallie Caucci*는 유타대학*University of Utah*의 J. 윌라드 메리어트*J. Willard Marriott* 도서관에서 사서보*asistant librarian*로 일하고 있다. 현재 그녀는 생명공학, 연예(엔 터테인먼트), 예술과 공학, 건강, 운동요법 및 레크리에이션 부서의 담당하고 있 다. 이뿐 아니라, 그녀는 특허 지원을 위해 메리어트 도서관팀과 협력하고 있 다. 카수치는 교수 및 교직원 그리고 학생들이 증거 기반 지식과 연구, 특허, 기존 기술, 경쟁력 있는 지성, 새로운 발명품을 생성하는 것을 지원하기 위해 잠재적 파트너와 자원들를 찾을 수 있도록 돕고 있다. 이전에 카수치는 스펜서 S. 에클스 과학도서관*Spencer S. Eccles Health Sciences Library*에서 혁신 사서*innovation librarian* 로 일한 경력이 있따. 채펄힐에 있는 노스캐롤라이나대학에서 운동 및 스포츠 학 학사학위를 취득했다. 그 후, 피츠버그대학에서 의료관련 정보원과 서비스 를 전문으로 하는 문헌정보학 석사학위 과정*MLIS*을 마쳤다.

채드 클라크*Chad Clark*는 2011년 도미니칸 도서관 및 정보 연구 학교*Dominican School of Library and Information Studies*에서 석사학위를 받았습니다. 현재 일리노이주 하이랜드 파크에 있는 하이랜드 파크 공공도서관의 부관장*assistant director*으로 재직하고 있다. 그는 기술산업의 외부인사들이 네트워크 세계에 뜻깊게 참여할 수 있도록 최선을 다하고 있다. 클라크는 유타, 콜로라도 창의도서관 등 공공도서관협회를 비롯한 수많은 컨퍼런스에서 연구들을 발표했다. 가장 최근 그는 저서 『The Makerspace Librarian's Sourcebook』(2017)에서 해커스페이스*hackerspaces*에 대한 부분(챕터)을 저술했다.

**매트 쿡***Matt Cook*은 오클라호마 대학도서관의 신기술 책임자로 일하고 있다. 교육 기술자로서의 역할에서 그는 두 개의 대학 메이커스페이스를 공동 설립했으며, 캠퍼스 기술 '혁신가'와 '교육 미래학자' 상을 받았으며 〈라이브러리 저널*Library Journal*〉에서 '무버 & 셰이커*Mover & Shaker*'로 선정되었다. Cook은 현재 12개 이상의 학문분야에서 사용중인 비콘 기반 실내 내비게이션 앱*beacon-based indoor navigation app. OU Libraries의 NavApp*, 대화형 마음챙김 기술*Sparq Labyrinth*과 맞춤형으로 설계된 가상현실 워크스테이션*OVAL*을 개발하여 배포했다. 그의 연구는 주로 공간인지와 학술적인 기술에 관한 것이며 미국과 해외에서 관련 주제로 발표를 했다.

**테리 코트렐***Terry Cottrell*은 일리노이주 졸리엣*Joliet*에 있는 세인트 프랜시스대학의 운영 및 기술담당 부사장이자 CIO이다. Cottrell의 최근 연구와 프리젠테이션은 e-과학*e-science* 연구동향, 학습에 대한 미디어의 영향, 핸즈프리 증강현실 도구, 저작권, 교육 기술의 역사, IT 리더십과 재무, 모바일 장치 관리 및 기타 주제들을 포괄한다. 그는 교육학박사*EdD*, 이학석사*MS* 그리고 MBA학위와 CEH 인증을 보유하고 있다. 그는 현재 세인트 프랜시스대학에서 연구 방법, 기술 동향 및 작문을 가르치고 있다. 그는 콜로라도주립대학 글로벌 캠퍼스와 노던 일리노이대학의 교육자를 위한 컴퓨터 과정에서 다양한 경영 및 비즈니스 수업을 설계하고 가르쳤다. 그는 현재 노스웨스턴대학에서 CIS 453: 사이버 보안을 설계하고 가르치고 있다.

**토마스 페리엘**_Thomas Ferrill_ TJ라는 별명을 가지고 있는 토마스 페리엘 유타대학의 J. 윌라드 메리어트 도서관의 창조 및 혁신 서비스 부서장_head_이며, 증강/가상현실, 3D 인쇄 및 3D 스캐닝과 같은 대화형 미디어를 포함하는 크리에이티브 스페이스_Creative Spaces_를 이끌고 있다. TJ의 주요 목표 중 하나는 새로운 기술 요소를 학문 세계에 통합하려는 도서관 이용자들의 진입 장벽을 제거하고 줄이는 것에 있다. TJ는 이러한 서비스를 구축하고 구성하는 것 외에도, 정보기술을 활용하여 학생, 교육자 및 연구자 각자의 목표를 달성할 수 있도록 지원하는 프로젝트에도 참여하고 있다. 여기에는 가상현실 학습환경에 중점을 둔 협업, 3D 프린터를 사용한 데이터시각화 프로젝트, 희귀하고 특별한 컬렉션의 복제, 3D 프린팅 프로젝트의 지속적인 흐름이 포함되어 있다. TJ는 유타대학에서 행정학 석사학위를 받았고 학부에서 철학과 컴퓨터과학을 공부했다.

**그렉 해치**_Greg Hatch_는 유타대학의 J. 윌라드 메리어트 도서관의 사서로, 이곳 창의 및 혁신_Creativity & Innovation_부서장이자 연극, 무용, 영화 및 미디어 예술영역을 서비스를 담당하고 있다. 그의 부서는 예술 및 디자인, 미디어 제작, 다중모드 커뮤니케이션_multimodal communication_, 제작 기술 및 인터랙티브 미디어_interactive media_에 중점을 둔 학제 간 연구와 생산성 분야에서 학자들에게 협업 지원과 전문지식을 제공하고 있다. Hatch의 학술적이고 창의적인 연구에서의 관심 분야는 정보학과 예술의 교차점에 있는 영역인 시각 리터러시_visual literacy_ 및 커뮤니케이션, 데이터시각화, 예술의 학제간 응용을 탐구하고 있다. 그는 워싱턴대학에서 문헌정보학 석사학위_MLIS_를, 미네소타주 세인트존스대학에서 연극 학사학위를 받았다.

**R. 브루스 젠센**_R. Bruce Jensen_은 또 다른 워싱턴대학의 학부 졸업생(BA, 영어)이며 펜실베니아주의 커츠타운대학 도서관에서 스팀웍스_STEAMworks_ 메이커스페이스를 이끌고 있다. 제시 워너_Jesse Warner_와 함께 그는 DIY/DIT 제작자 윤리를 인쇄출판분야로 확장하는 Zine Library를 공동 설립했다. 신흥기술 사서로서 그는 인류학, 현대 언어, 영화, 텔레비전 및 미디어 제작 부서를 담당하고 있다. 그

는 다문화 링크에서 Loida Garcia-Febo*Loida Garcia-Febo on Multicultural Link*와 팀 블로깅 *team-blogged*을 했던, 역사 전반에 걸쳐 〈Críticas〉 잡지와 함께 일했다. 그는 현재 OCLC의 QuestionPoint 서비스를 통해 2001년부터 수천 건의 IRC 참조 거래를 처리했다. UCLA(문헌정보학)와 노던애리조나대학*Northern Arizona University*(언어 교육) 에서 대학원 학위를 그리고 컴퓨터 과학과 언어학 학부를 공부한 젠센이지만, 그는 여전히 배울 것이 많다고 말한다.

**김보현***Bohyun Kim*은 로드아일랜드주립대학*University of Rhode Island* 도서관의 기술 최고 책임자이며 부교수다. 그녀는 《Understanding Gamification》(2015) 과 《Library Mobile Experience: Practices and User Expectations》(2013)이라 는 두 권의 책을 저술했으며 Association of College & Research Libraries의 TechConnect 블로그의 창립 편집자이다. 그녀는 현재 도서관 및 정보기술협회*Library and Information Technology Association, LITA* 학회장이며 미도서관협회*ALA* 정보기술 정책 사무소 및 산호세주립대학*San Jose State University* 정보학과의 자문 및 위원회 회원으로 활동하고 있다.

**잭 리커-카츠***Zack Lischer-Katz*는 오클라호마대학 도서관의 데이터 큐레이션 박사 후 연구원*Post-doc.*이다. 그는 가상현실 기술 및 3D 모델과 관련된 연구 데이터 를 큐레이팅하기 위한 지침을 개발하고 있으며 가상현실 및 3D 도구가 학술 도서관의 연구 및 교육학에 미치는 영향을 연구하고 있습니다. 그의 개인연구 는 기록보관소, 도서관과 박물관의 맥락에서 정보의 시각적 형태와 시각적 지 식생산의 관행을 보존하는 기술을 살펴보는 것이다. 그는 럿거스대학교 커뮤 니케이션 및 정보학과*Rutgers University's School of Communication and Information*에서 커뮤니 케이션, 정보 및 도서관 연구로 박사학위를 받았다.

**오스틴 올니***Austin Olney*는 화이트 플레인스 공공도서관(뉴욕)에서 디지털미디어 전문가이다. 그는 후원자에게 디지털 리터러시를 가르치고 현대세계에 필요한 기술을 제공합니다. 그는 도서관의 십대들을 위한 공간에서 학생들에게 실습 접근 방식을 보여준다. 그는 2011년에 SUNY 코클랜드대학에서 교육학 석사학위를 받았다. 다양한 교육기관에서 강의한 경험이 있으며 다양한 배경과 학습스타일을 가진 학생들을 적극적으로 참여시키기 위해 고급 기술을 적용하는 것을 즐긴다.

**브랜든 패터슨**_Brandon Patterson_은 유타대학의 에클스 과학도서관에서 기술 관련 사서이다. 그는 학생, 교직원 및 교수진을 디지털 도구와 새로운 기술에 연결하고 프로토타입 도구, 가상현실 및 온라인 학습 플랫폼을 사용하여 뜻깊은 경험을 만든다. 패터슨의 학문적 관심에는 도서관을 중심으로 한 공간 만들기와 참여학습이다. 그는 현재 학술적인 기술 공간의 생성, 전문 간호사의 정보 활용능력, 보건학 분야의 공동 메이커스페이스 프로젝트와 관련된 프로젝트를 진행하고 있다. 패터슨은 미시건대학에서 정보학 석사학위와 고등 교육 석사학위를 취득했으며, 유타대학에서 학부과정에서 커뮤니케이션과 국제학을 공부했다.

**마이클 리젠**_Michael Riesen_은 지식재산 변호사이자 Baker&Hostetler, LLP의 파트너이다. 그는 특허 및 상표 포트폴리오를 관리하고, 공격과 방어방식_offensive and defensive manners_으로 포트폴리오를 활용하기 위한 집행 전략을 제공한다. 리젠은 재료학, 물리학, 전기공학 및 컴퓨터학 분야의 기술적 배경을 활용하여 지적 재산권 실사 및 특허 소송을 지원하고, 고객과 협력하여 각 사례들을 신속하게 평가하고 효과적인 전략을 개발한다. 고등학교와 대학에서 물리교사를 역임한 그는 복잡하고 높은 수준의 과학적 개념을 이해하고 이러한 개념을 발명가, 변호사, 판사, 배심원과 심사관에게 효과적으로 전달하는 능력을 활용한다. 학문적으로 리젠은 기계학습과 인공지능에 대한 연구를 출판하였다. 현재 그는 AR/VR 및 혼합현실 기술의 선구자들과 협력하여 이 분야의 발명품을 보호하고 수익을 창출하고 있다.

**펠리시아 A. 스미스**_Felicia A. Smith_는 스탠포드대학 도서관의 학습 및 홍보 책임자이다. 그녀는 참고봉사활동 및 교육서비스를 감독한다. 그녀는 『Cybrarian Extraordinaire: Compelling Information Literacy Instruction』(2011)이라는 저서와 학습 목표가 있는 교육 게임을 설명하는 여러 학술 논문을 출간했다. 그녀의 학술논문 "정보활용능력 교육을 위한 게임"은 100개 이상의 국가에서 7,000번 이상 다운로드되었다. 그녀의 출판물은 그녀의 성공적이고도 능동적인 학습활동을 보여주고 그녀가 한때 완전한 해적 의상을 입고 수업을 했던 이유를 설명한다. 스미스는 세컨드 라이프 가상세계_the Virtual World of Second Life_에서 인기 있는 수업을 가르쳤다. 그녀는 청소년 사법센터의 수감자들을 위해 킨들_Kindle e-reader_를 사용하여 정보활용능력 프로그램을 만들었다. 그녀는 비판적 사고와 탐색전략교육에 더 많은 시간을 할애할 수 있도록 뒤집힌 교실_flipped classroom_ 개념을 실험하고 있다. 이전에 스미스는 시카고에서 살인과 마약을 전문으로 하는 형사 변호 사설탐정으로 일했으며, 그래서 그녀는 .357 매그넘 권총을 휴대해야 했다.

해외 사례를 통해서 보는 도서관 가상·증강현실

# 도서관 미래에 답하다

| | |
|---|---|
| 초판 1쇄 인쇄 | 2022년 4월 15일 |
| 초판 1쇄 발행 | 2022년 4월 22일 |
| 지은이 | 케네스 J. 바넘 |
| 옮긴이 | 권선영, 구정화 |
| 총 괄 | 송준기 |
| 책임편집 | 정은아 |
| 편 집 | 양지원 |
| 마케팅총괄 | 임동건 |
| 마케팅 | 이혜연, 김미나, 이현아, 안보라, 한우리, 브루스 |
| 경영지원 | 이순미 |
| 펴낸곳 | 파지트 |
| 디자인 | 롬디 |
| 제작지원 | 플랜비디자인 |
| 출판등록 | 2021-000049 호 |
| 주 소 | 경기도 화성시 동탄원천로 354-28 |
| 전 화 | 031-8050-0508 |
| 팩 스 | 02-2179-8994 |
| 이메일 | pazit.book@gmail.com |
| ISBN | 979-11-92381-01-5 03320 |